PORTE DE LA VILLE DE LILLE DU COTE DE LA FRANCE.
dite des Malades.
Erigée par le Magistrat en 1682 à la Gloire de LOUIS XIV.

Dehez delin.   Moitte Sculp.

GUIDE
DES ÉTRANGERS
A LILLE,
OU
DESCRIPTION DE LA VILLE
ET DE SES ENVIRONS,

PRÉCÉDÉ

D'un Abrégé de son Histoire, depuis son établissement jusqu'à présent.

A LILLE,
Chez JACQUEZ, Libraire, sur la petite
Place, Rang des Poteries.

M. DCC. LXXII.
AVEC PERMISSION.

PRÉFACE.

Tous les Etrangers qui paſſent à Lille, ayant paru deſirer une petite Brochure qui leur indique les objets capables d'exciter la curioſité, nous avons eſſayé de raſſembler dans celle-ci, ce qui mérite le plus leur attention. Pour rendre ce petit Ouvrage plus intéreſſant, nous commençons par un Abrégé chronologique de l'Hiſtoire de la Ville de Lille, depuis ſa Fondation juſqu'à préſent : nous y indiquons les changements qu'elle a eſſuyés, les différents Sieges qu'elle a ſoutenus, les Princes qui l'ont gouvernée, & les événements principaux qui s'y ſont paſſés. Quoique cet Abrégé ne ſoit, pour-ainſi-dire, qu'une Table d'un Ouvrage beaucoup plus conſidérable ſur l'Hiſtoire de cette Ville, on eſpere cependant qu'il pourra ſervir aux perſonnes même les plus verſées dans l'Hiſtoire de leur Patrie, pour s'en rappeller les époques intéreſſantes, que l'on a tâché de rapporter le plus éxactement qu'il a été poſſible, en comparant les différents Auteurs, anciens & modernes, qui ont écrit ſur l'Hiſtoire de Flandre. La deſcription ſommaire des Fortifications & de leur état actuel, pourra encore par ſon éxactitude, augmenter le mérite de ce petit Ouvrage ; enfin, on n'a rien épargné par les connoiſſances qu'on y a raſſemblées, & le ſoin qu'on a apporté dans ſon éxécution, pour le rendre le plus utile & le plus agréable qu'il ſoit poſſible aux Etrangers & aux Habitants même de cette Ville, pour leſquels il eſt deſtiné.

HISTOIRE
ABRÉGÉE
DE LA VILLE
DE LILLE.

LILLE, Capitale du Gouvernement général Militaire de la Flandre Françoise, & en particulier de la Flandre Wallonne (*), résidence ordi-

---

(*) La Flandre a été érigée en Gouvernement par Lettres-Patentes du 4 Juillet 1676, enrégistrées au Conseil Souverain de Tournai le 27 Octobre suivant; elle a l'avantage d'avoir à présent pour Gouverneur, S. A. Mgr. CHARLES DE ROHAN, Prince de Sou-

naire du Gouverneur de la Province & de l'Intendant (*), Ville riche, belle & bien peuplée, est située à quinze lieues

bise, d'Epinoy & de Maubuisson, Duc de Rohan-Rohan, Pair & Maréchal de France, Ministre d'Etat, Vicomte de Gand, prémier Béer & Connêtable héréditaire de Flandre, Sénéchal de Hainaut, Capitaine-Lieutenant des Gendarmes de la Garde ordinaire du Roi, &c. qui, à l'éxemple de ses Prédécesseurs, & en éxécution de l'art. 53 de la Capitulation, a prêté, le 13 Décembre 1751, lors de son entrée à Lille, le serment de maintenir les Privilèges de la Ville.

(*) Messire ANTOINE-LOUIS-FRANÇOIS LE FEBVRE, DE CAUMARTIN, Chevalier, Marquis de St. Ange, Comte de Moret, Sgr. de Caumartin, Boissi-le-Chatel, Ville-Cerf, Dormeille, Ville St. Jacques, Stagnie, la Commanderie & autres Lieux, Grand-Croix, Chancelier & Garde-des-Sceaux de l'Ordre Royal & Militaire de St. Louis, Conseiller du Roi en ses Conseils, Maître des Requêtes ordinaire de son Hôtel, Intendant de Flandre & d'Artois, depuis 1756, & précédemment Intendant de Metz.

de la mer, à sept au septentrion de Douai, à cinq au couchant de Tournai, à trois de Warnêton, d'Armentières & de Menin, à cinq de Courtrai & d'Ypres, & à la même distance d'Orchies, à treize de Gand, à quinze de Dunkerque, à la même distance de Mons, & à cinquante lieues au septentrion de Paris ; au 20e. degré 44 minutes de longitude, & au 50e. degré 37 minutes de latitude. Elle est à peu près au milieu de la Châtellenie de son nom, dont elle est le chef-lieu, sur la Rivière de Deûle, qui, par le moyen d'un canal, communique à la Scarpe.

Origine de la Ville de Lille, 50 ans avant J. C.

Suivant les anciens Auteurs, la Ville de Lille doit son origine à un Château (nommé du *Buc*) bâti par Jules-César.

(*) Ce fut ensuite la demeure des Châtelains ou Commandants des Châteaux que les Romains laissoient dans les pays qu'ils avoient conquis, & enfin des Forestiers qui gouvernerent la Flandre pour les

---

(*) On ignore positivement où étoit la position de ce Château ; plusieurs le placent aux environs de l'Eglise de St. Maurice : il nous paroît plus vraisemblable qu'il étoit où est présentement le Jardin des Dominicains ; son élévation & les fossés qui l'entourent désignent encore l'emplacement d'une ancienne forteresse. C'est sa position dans une Isle formée par la Deûle, qui a vraisemblablement donné le nom de Lille, *Illa*, *Insula*, à la Ville qui s'établit autour.

[5]

prémiers Rois de France jufqu'aux Comtes de Flandre.

BAUDOUIN, fixieme Comte, trouvant que la Ville qui s'étoit bâtie autour de ce Château, pouvoit faire un poſte de réſiſtance, la fit entourer de murs, vers 1030; Baudouin fon Fils, continua l'ouvrage. En 1047, il termina l'enceinte, y établit quatre portes, & fut furnommé *de Lille*, à cauſe de l'affection qu'il eut pour cette Ville, & des grands établiſſements qu'il y fit. *Prémière Enceinte de Lille en 1030.*

IL commença la même année la conſtruction de l'Egliſe Collégiale de St. Pierre. Ce Prince faiſoit fon féjour ordinaire à Lille: il paroît qu'il occupoit au commencement l'an- *Conſtruction de l'Egliſe de Saint Pierre, en 1047.*

A 3

cien Château qu'avoient habité les Forestiers; mais il en fit bâtir un autre auprès de St. Pierre, qu'il habita, & où il éleva Philippe I, Roi de France, dont il avoit été nommé Tuteur. (*)

<small>Sa Dédicace, en 1066.</small> En 1066, il fit avec des magnificences extraordinaires, la cérémonie de la Dédicace de l'Eglise de St. Pierre, où Philippe I. assista, & scella les Lettres de Fondation, de son cachet: il y fonda des Prébendes pour quarante Chanoines.

<small>Prémier Siège de Lille, en 1128, par Louis le Gros.</small> En 1128, la Ville soutint son prémier Siège connu, con-

---

(*) Ce Palais a long-temps été nommé la Salle: il étoit entre l'Hôpital Comtesse & le Cimetiere de St. Pierre: il a subsisté jusqu'en 1515, que Charles V. le vendit aux Echevins, qui le firent démolir. *Voyez ci-après la Note, page* 10.

tre Louis le Gros, Roi de France, qui fut obligé de l'abandonner.

PHILIPPE-AUGUSTE, Roi de France, en fit le 2e. Siège en 1213, la prit, & y fit bâtir le Fort des *Renneaux* : (*) s'en étant enfuite éloigné, les Habitants, excités par leur Comte, fe révolterent, & chafferent les troupes qu'il y avoit laiffées.

<small>Second Siège de Lille, en 1213, par Philippe-Augufte, Roi de France, & conftruction du Fort des Renneaux.</small>

LE Roi l'ayant appris, revint fur fes pas, s'empara une feconde fois de la Ville, & la réduifit en cendres.

___

(*) On ignore pofitivement l'emplacement du Fort des *Renneaux*: il y a lieu de préfumer qu'il étoit dans la partie qui a été long-temps le Fauxbourg des *Renneaux*, & qui a été compris dans l'agrandiffement fait en 1617, par les Efpagnols; la Porte de St. Maurice a remplacé alors celle des *Renneaux*.

Prémier Agrandissement de la Ville.

C'est à ce désastre que la Ville de Lille doit son prémier agrandissement : elle fut rebâtie avec augmentation de la Paroisse de St. Sauveur, & eut alors six Portes, sçavoir : celles de Courtrai, des Renneaux, du Molinel, de Weppes, de St. Pierre, & des Malades. C'est à l'occasion de cet agrandissement qu'a été construit le Pont-de-fin en 1263.

Le Comte Ferrand ayant été fait prisonnier, à la Bataille de Bouvines, le 14 Juillet 1214, la Comtesse Jeanne, sa Femme, Régente de ses Etats, fit les plus beaux établissements qui subsistent encore dans la Ville de Lille.

En 1216, elle fonda l'Hôpital de St. Sauveur, dont elle augmenta les revenus par un diplôme du mois de Décembre 1233.

<small>Fondation de l'Hôpital St. Sauveur en 1216, & de l'Abbaye de Marquette en 1226.</small>

EN 1221, elle commença l'établiſſement des Dominicains.

EN 1226, elle jetta les prémiers fondements de l'Abbaye de Marquette, où elle s'eſt bâtie une maiſon de retraite, qui n'a été démolie que depuis peu d'années.

EN 1235, elle régla la forme du Magiſtrat de Lille telle qu'elle s'eſt conſervée juſqu'aujourd'hui.

<small>Réglement pour le Magiſtrat de Lille, du mois de Mai 1235.</small>

EN 1243, elle fit du propre Palais qu'elle habitoit dans la Ville de Lille, un Hôpital, dont elle avoit commencé l'établiſſement dès 1227 : c'eſt

<small>Fondation de l'Hôpital Comteſſe au mois de Février 1243. Voyez Mireus, tom. 3, pag. 100, 104, 105 & 419.</small>

delà que cette fondation a pris le nom d'Hôpital Comtesse qu'elle porte encore aujourd'hui. (*)

CETTE Princesse étant morte, Marguerite sa Sœur perfectionna ces établissements, & y en ajouta de nouveaux. En 1269, elle institua la Procession de Lille ; ses Lettres portent qu'elle se fera *par telle voie qu'il plaira aux Echevins*. En 1279, elle établit la Foire de Lille. Elle fonda l'Abbaye de l'Abbiette, pour des Filles de l'Ordre de St. Dominique,

<small>Fondation de l'Abbiette en 1279. Voyez Mireus, tom. 3, page 132.</small>

(*) La partie de son Palais où la Comtesse Jeanne établit l'Hôpital Comtesse, & qui subsiste encore aujourd'hui, étoit un agrandissement qu'elle avoit fait pour sa propre demeure, au Palais dont nous avons parlé (ci-devant page 6,) bâti par Baudouin Comte de Flandre.

& leur fit conſtruire un ſuperbe Bâtiment dans le Fauxbourg de St. Pierre, Paroiſſe de St. André. Leur Couvent fut brûlé en 1296, lors du Siège fait par Philippe le Bel : elles furent autoriſées par Lettres-Patentes de Philippe de Valois en 1341, d'entrer dans la Ville, & elles s'y ſont établies en 1345, dans l'endroit où elles ſont aujourd'hui.

EN 1283, pluſieurs Villes de Flandre voulant ſe mettre en état de défenſe, & celle de Lille en particulier, les Habitants augmenterent & reparerent leurs Fortifications, ce qui penſa leur attirer ſur les bras Philippe le Hardi, Roi de France, dont ils n'avoient pas

Les Habitants de Lille réparēt leurs Fortificatiōs en 1283.

l'agrément; ils en furent quitte pour payer 24000 liv. parisis, & il leur fut permis de continuer les Ouvrages qu'ils avoient commencés.

Les Boucheries données à la Ville en 1285.

EN 1285, le Comte de Flandre donna à l'Hôtel de Ville, les Boucheries & tous les Emoluments qui en dépendoient : il mit aussi le Quartier de St. Maurice, qui dépendoit du Chapitre de St. Pierre, sous la Jurisdiction des Echevins, donnant en échange au Chapitre, en 1288, la Dîme de Wambrechies, qui lui appartenoit.

Voyez Mireus, tom. 3, pages 425 & 489.

Troisième Siège de Lille par Philippe le Bel, en 1296. la Ville capitule.

EN 1296, Philippe le Bel, Roi de France, vint assiéger la Ville de Lille; elle étoit déjà forte & défendue par une nombreuse garnison : Philippe en forma

forma le Siège dans toutes les règles, & après une longue résistance, les Habitants capitulerent.

CETTE guerre ne fut cependant terminée que par la soumission du Comte Gui : la Flandre fut en conséquence réunie à la Couronne de France en 1299. Jacques Chatillon, que le Roi y avoit laissé pour Gouverneur, fit bâtir à Lille, en 1301, le Château de Courtrai. (*)

LES Flamands jaloux de

<small>La Flandre réunie à la Couronne de France, en 1299.</small>

<small>Construction du Château de Courtrai, en 1301.</small>

(*) Ce Château occupoit une partie de la Rue de la Magdeleine, la Rue des Tours, celle des Célestines, &c. Les Fossés qui l'entouroient subsistent encore. Cet emplacement a été, ainsi que le Fauxbourg de Courtrai, enclavé dans la Ville, par l'agrandissement fait en 1617.

B

leur liberté, ayant repris les armes en 1302, les François perdirent le 11 Juillet la Bataille de Courtrai, & les Villes de Lille, Gand & Caffel retournerent aux Comtes de Flandre ; mais ayant été battus à leur tour à Mons-en-Pevele, le 18 Août 1304, Philippe le Bel vint de nouveau affiéger la Ville de Lille, qu'il prit le 1 Octobre. Cette Bataille fut fuivie d'une Paix conclue à Lille en la même année, par laquelle la Ville & fa Châtellenie refterent au Roi de France.

Les Villes de Lille, Gand & Caffel, retournent au Comte de Flandre en 1302.

Quatrième Siège de Lille, par Philippe le Bel, en 1304. Lille & fa Châtellenie reftent au Roi de France.

C'eft vers 1313, qu'il établit le Tribunal de la Gouvernance, dont le Gouverneur eft le Chef. Les Offices de ce Tribunal furent érigés en Charges

Etabliffement du Tribunal de la Gouvernance vers 1313.

héréditaires, par Edit de 1693.

EN 1312, le Comte Robert cité comme Pair, au Parlement de Paris, ayant refusé de s'y rendre, le Comté de Flandre fut, en 1313, réuni à la Couronne. (*)

Le Comté de Flandre réuni à la Couronne, en 1313.

PAR la Paix entre le Roi de France & le Comte de Flandre, du 13 Juin 1320, Lille, Douai & Orchies furent confirmées au Roi de France.

Lille & sa Châtellenie confirmées au Roi de France, par la Paix de 1320.

EN 1356, le Roi de France Jean II. ayant été fait prisonnier à la Bataille de Poitiers, les Habitants de Lille offrirent une grosse somme pour sa rançon ; en reconnoissance,

―――――――――――

(*) La Ville de Lille avoit été précédemment cédée au Roi par un Traité du 11 Juillet 1312, qui fut ratifié en 1315.

le Roi étant sorti de prison, confirma en 1360, la Foire dont Philippe le Bel les avoit gratifiés.

La Foire de Lille, confirmée en 1360.

EN 1369, Marguerite de Flandre, Fille unique & héritière de Louis de Male, Comte de Flandre, épousa Philippe, Duc de Bourgogne, Frère de Charles V. Roi de France, qui, en considération de ce mariage, rendit au Comte, Lille & sa Châtellenie.

Lille & sa Châtellenie retournent au Comte de Flandre, en 1369.

EN 1385, par Lettres-Patentes du 5 Février, Philippe établit à Lille une Chambre des Comptes, à l'instar de celles de Paris & de Dijon. Il la plaça, en 1388, dans l'ancienne demeure des Comtes de Flandre, nommée la Sale, près St.

Etablissement de la Chambre des Comptes, en 1385. Mireus, tom. 2, pag. 1252.

Pierre. En 1413, le Duc Jean, son Fils, la transporta à l'Hôtel de la Poterne, qu'elle a occupé jusqu'à la retraite de ses Officiers après la prise de la Ville en 1667, & où est aujourd'hui le Bureau des Finances que Louis XIV. y a depuis substitué, par Edit du mois de Septembre 1691.

En 1407, le Duc de Bourgogne ayant fait assassiner le Duc d'Orléans, se retira à Lille, où il fit bâtir un nouveau Palais au *Rihours*, qu'il occupa. Ce Palais étoit à l'emplacement où est aujourd'hui l'Hôtel de Ville ; la Place vis-à-vis se nomme encore de *Rihours* : il fut appelé par la suite Cour de l'Empe-

Construction du Palais de Rihours, aujourd'hui l'Hôtel de Ville, en 1430.

reur, Charles-Quint l'ayant habité en 1541 & 1549.

C'EST à la même époque, & vers le commencement du XVe. siècle, à ce qu'on croit, qu'il faut rapporter l'agrandissement de la Ville, qui a été fait par l'incorporation de la Paroisse de Ste. Catherine. (*)

<small>Second Agrandissement de la Ville, du côté de la Porte de la Barre.</small>

EN 1476, le Comte de Charolois, depuis appellé Charles le Hardi, qui avoit succédé à Philippe le Bon son Père, ayant été tué devant Nancy ; Marie, sa Fille, resta héritiere de ses Etats, & les transporta dans la Maison d'Autriche, par son mariage avec le Grand Ma-

<small>Le Comté de Flandre passe dans la Maison d'Autriche, en 1476.</small>

___

(*) On voit des Actes de 1436, qui prouvent que la Porte de la Barre éxistoit dès-lors.

ximilien, Fils de l'Empereur Frédéric III.

MAXIMILIEN étant élu Empereur après la mort de son Père, Philippe, son Fils, eut la Flandre en partage. Il époufa en 1496, Jeanne, Fille & héritiere de Ferdinand V. Roi d'Aragon : en faveur de ce mariage, les Pays-Bas furent annèxés à la Couronne d'Espagne par la Maison d'Autriche. *Les Pays-Bas, compris la Châtellenie de Lille, passent dans la Maison d'Espagne, en 1496.*

CHARLES V. succéda à Philippe au Royaume d'Espagne, en 1507, & en 1519, son Père étant mort, il fut proclamé Empereur.

EN 1515, il vendit aux Echevins le Château de la Sale, qui avoit été la prémiere demeure des Comtes de Flandre. *Le Château de la Sale vendu aux Echevins, en 1515.*

LILLE & sa Châtellenie lui ayant fourni des secours considérables dans les différentes guerres qu'il eut à soutenir, il confirma leurs Privilèges, & homologua la Coutume de la Ville en 1533. (*)

Lettres-Patentes de Charles V. portant permission d'agrandir la Ville du côté de la Porte de Notre-Dame, du 16 Décembre 1540.

LE 16 Décembre 1540, il donna aux Magistrats de Lille des Lettres-Patentes, portant permission d'agrandir la Ville du côté du midi, à commencer, de la Porte des Malades, jusques vers la Porte de la Barre, ce qui n'a été éxécuté qu'au commencement du siècle suivant.

LE 8 Novembre 1541, il

(*) Celle de la Châtellenie fut homologuée par Philippe son Successeur, le premier Juin 1565.

honora la Ville de sa préfence, accompagné du Roi d'Angleterre, & le 4 Août 1549, avec son Fils & ses deux Filles : il logea dans le Palais de *Rihours*, bâti par Philippe le Bon, qui prit pour lors le nom de Cour de l'Empereur.

Charles V. vient à Lille, en 1541 & 1549.

Palais de Rihours, nommé, Cour de l'Empereur.

EN 1557, la Ville ayant à se défendre contre les différents Partis, dans les guerres pour la Religion, leva 16 Compagnies de deux cents hommes chacune, & fit détruire du côté de la Ville le Château de Courtrai. Le Duc de Parme étant fait Gouverneur des Pays-Bas, loua le zèle & la fidélité des Magistrats & des Habitants de la Ville de Lille, où il fut reçu magnifiquement le 10 Décembre 1582.

Démolition du Château de Courtrai, en 1557.

En 1598, les Pays-Bas sont donnés par Philippe II. Roi d'Espagne, à l'Archiduc Albert, en faveur de son mariage avec Claire-Eugénie, sa Fille.

EN 1598, la Paix étant conclue entre la France & l'Espagne, Philippe II. Roi d'Espagne, Comte de Flandre, donna les Pays-Bas à Isabelle-Claire-Eugénie, sa Fille, en faveur de son mariage avec l'Archiduc Albert, à condition cependant que ces Provinces retourneroient à l'Espagne, si Isabelle venoit à mourir sans enfants : Philippe II. fit ratifier cette donation par son Fils qui devoit lui succéder à la Couronne d'Espagne. En 1601, l'Archiduc Albert ayant entrepris le fameux Siège d'Ostende, qui dura trois ans, eut quelques inquiétudes sur la rupture apparente entre la France & l'Espagne : c'est à cette occasion qu'il preſſa l'éxécution du projet d'agrandiſſement de la Ville de Lille, qui avoit été accordé par Charles V. en 1540. Cet agrandiſſement s'étendoit depuis la Porte des Malades, juſqu'à celle de la Barre, renfermant une partie du Quartier de Notre-Dame, & tout le terrein compris entre le Rempart actuel & la Rue des Jéſuites, où étoit l'ancienne enceinte. La Porte de Notre-Dame fut ſubſtituée à celle du Molinel qui étoit dans la Rue de ce nom, vers l'endroit où eſt aujourd'hui le petit Corps-de-garde : le Rempart qui fut éxécuté alors, eſt celui qui ſubſiſte encore aujourd'hui, à quelques rectifications près, dont nous

Troiſième Agrandiſſement dans le quartier de la Porte Notre-Dame, éxécuté vers 1605.

parlerons dans la Defcription des Fortifications de la Ville.

La Paix entre les Efpagnols & les Hollandois, ayant été fignée en 1609, & une Trève de 12 ans conclue, l'Archiduc profita de cette tranquillité pour continuer les Fortifications de la Ville de Lille: il y fit travailler jufqu'à fa mort, arrivée en 1621.

Quatrième Agrandiffement du côté de la Porte de la Magdeleine, commencé en 1617, & fini vers 1622.

LA partie de l'enceinte où l'on fit de plus grands travaux, fut du côté de la Porte de la Magdeleine: le Rivage terminoit la Ville de ce côté. Le Quartier de la Magdeleine étoit le Fauxbourg de Courtrai, qui renfermoit l'ancien Château dont nous avons parlé: par l'agrandiffement qu'on fit alors,

toute

toute cette partie fut enclavée dans la Ville : cet agrandissement commence au demi-Baſtion gauche de la Porte de la Magdeleine, & finit à celui à la droite de la Porte de Fives ; les deux Portes de la Magdeleine & de St. Maurice, l'une en 1621, l'autre en 1622, furent ſubſtituées à celles de Courtrai & des *Renneaux*. On employa dans le tracé de cette nouvelle Fortification le ſyſtême des Baſtions ; il en ſubſiſte encore une partie aujourd'hui. Les Tours devenant inſuffiſantes, depuis l'application du Canon à l'attaque des Places, on continua les années ſuivantes à rectifier l'enceinte de la Ville, ſuivant le nouveau fyftême. Ce fut en 1659, que l'on fubftitua les Baftions de la Noble-Tour & du Moulin, à droite & à gauche de la Porte des Malades, aux Tours qui y étoient auparavant : il paroît que dans cette partie, la nouvelle enceinte fuivit à peu près le tracé de l'ancienne.

PHILIPPE IV. Roi d'Efpagne étant mort en 1665, laiffa fes Etats à fon Fils Charles II. qu'il avoit eu de fa troifieme Femme : Louis XIV. fous la minorité de Charles II. fit valoir fes droits fur les Pays-Bas, qui par la dévolution ufitée en Brabant, lui tomboient en partage, ayant époufé Marie-Thérefe d'Autriche, l'aînée des Filles de Philippe IV. Il employa prémierement les négociations, enfuite la force des armes. En conféquence, il marcha en 1667, à la tête d'une armée confidérable : le 10 Août, il inveſtit la Ville de Lille, qu'il attaqua du côté de la Porte de Fives, dont les nouveaux ouvrages n'étoient pas encore terminés, & après neuf jours de tranchée ouverte, la Ville capitula. (*)

<small>Siège de Lille, en 1667, par Louis XIV.</small>

LES conquêtes faites en Flandre, étant confirmées à Louis XIV. par le Traité d'Aix-la-Chapelle, en 1668, la Ville de

---

(*) L'Année féculaire de la rentrée de la Ville fous la domination de la France, a été célébrée à Lille, au mois d'Août 1767, par des Réjouiſſances & des Fêtes publiques qui ont duré pluſieurs jours.

Lille & sa Châtellenie rentrent sous la domination françoise, en 1668.

Cinquieme Agrandissement, de la Porte de St. André, & Construction de la Citadelle, de 1669 à 1672.

Lille & sa Châtellenie rentrerent sous la domination françoise. Aussi-tôt après la cession de la Ville de Lille à la France, M. le M^{al}. de Vauban fit le projet d'un nouvel agrandissement, depuis la Porte de la Barre, jusqu'à celle de la Magdeleine, comprenant tout le Fauxbourg de St. Pierre, le Quartier de St. André, & l'emplacement de la Citadelle. Le Traité entre le Roi & le Magistrat pour cet agrandissement, fut signé le 23 Avril 1670 (*) : les Magistrats accorderent au Roi, pour la dépense que Sa Majesté devoit faire,

---

(*) Le plan de la Ville, telle qu'elle éxiste à présent, se trouve en grand dans une Sale de l'Hôtel de Ville, on le trouve en petit dans les délices des Pays-Bas, tom. 2, pag. 181.

la somme de 200 mille florins, & le Roi donna à la Ville une nouvelle Banlieue & la Justice dans l'agrandissement : on y travailla tout de suite.

Le Roi, en 1673, vint au Pays-Bas, visiter les nouvelles Fortifications qu'il y faisoit construire, & fit son entrée solemnelle à Lille, avec une partie de la Famille Royale. L'agrandissement terminé, on continua de travailler aux Fortifications de la Ville, ajoutant à l'enceinte faite par les Espagnols, les Ouvrages extérieurs dont nous parlerons dans la suite.

Le Roi vient à Lille en 1673, visiter les nouvelles Fortifications.

En 1702, la guerre pour la succession d'Espagne étant déclarée, les Princes alliés commencerent à entrer en Cam-

[30]

pagne ; ce ne fut cependant qu'en 1706, que la Flandre devint le théatre de la guerre ; les Alliés ayant eu différents succès en 1708, réfolurent le Siège de Lille ; en conféquence, le Prince Eugene, le 12 Août, vint en faire l'inveftiffement : la nuit du 22 au 23, il ouvrit la tranchée, ayant choifi pour front d'attaque celui des Tenaillons à droite de la Baffe-Deûle ; la Ville étoit défendue par M. le Duc de Boufflers, qui tint jufqu'au 22 Octobre, qu'il fut obligé de capituler. Il fe retira dans la Citadelle, où il tint encore jufqu'au 8 Décembre, qu'il la rendit par capitulation.

LILLE refta au pouvoir des Alliés jufqu'au Traité de paix

Siège de Lille, en 1708, par le Prince Eugene.

La Ville capitule le 22 Octobre, & la Citadelle le 8 Décembre, & refte au pouvoir des Alliés.

de 1713, entre la France, l'Espagne, l'Angleterre, le Portugal, la Prusse & la Hollande, par lequel les Hollandois promirent de remettre à la France, Lille & sa Châtellenie, le Pays de Laleu, la Gorgue, Aire, Béthune, St. Venant, le Fort François, &c. ce qui fut éxécuté; depuis ce temps, la Ville de Lille a toujours été sous la domination de la France : Louis XV. *le Bien-aimé* y fit son entrée solemnelle en 1744, dans le cours de ses Victoires.

Par le Traité de Paix de 1713, la Ville de Lille retourne à la France.

ON a consacré annuellement un fonds à l'entretien & la perfection de ses Fortifications ; ensorte que dans son état actuel, on peut la regarder comme une des plus fortes Places du

Royaume : pour en donner une idée éxacte, nous allons en parcourir le contour.

DESCRIPTION
Des Fortifications actuelles de la Ville de Lille.

Forme de la Ville. SON enceinte est ovale d'environ 1200 toises dans sa plus grande longueur, sur 600 de largeur ; elle est percée Ses Portes. de sept Portes, sçavoir : Au nord, celle de St. André nommée Royale, parce qu'elle a été ajoutée dans l'agrandissement fait en 1670, par Louis XIV. Au levant, les Portes de la Magdeleine, de St. Maurice & de Fives. Au midi, celle des Malades. Au couchant, celles de Notre-Dame & de la Barre.

la Citadelle eſt dans la partie du couchant.

Nous commencerons la deſcription des différents fronts qui entourent cette Place, par la droite de la Citadelle. Entre la Citadelle & la Porte Royale ou de St. André, il n'y a qu'un demi-front, auquel joint la communication ; ce demi-front eſt couvert par des Ouvrages extérieurs qui s'étendent juſqu'au pied de l'inondation qui entoure toute la Citadelle, & dont nous parlerons dans la ſuite. *Ses Fortifications.*

A droite de la Porte de St. André, eſt un beau Baſtion couvert par un Ouvrage à cornes. Le front d'enſuite couvre la Porte d'eau, par où la Deûle *Porte Royale.*

Sortie des eaux.

fort de la Ville ; il eſt dit des Tenaillons, parce qu'il y a en avant deux eſpeces d'Ouvrages auxquels on a donné ce nom :

Front d'attaque, en 1708. c'eſt le front d'attaque que les Alliés ont choiſi dans leur dernier Siège, en 1708 ; non parce qu'il fut le plus foible, mais vraiſemblablement par la facilité d'apporter à pied-œuvre, au moyen de la Baſſe-Deûle, toutes les munitions de Menin. Par la durée de ce Siège, on peut juger que ce front étoit déjà très-fort dans ce temps ; néanmoins on y a ajouté depuis pluſieurs Ouvrages extérieurs, ce qui le rend encore ſuſceptible d'une plus longue défenſe, d'autant qu'une partie de ces Ouvrages ſont minés :

les deux Baſtions du Corps de la Place, ſont fort vaſtes & ſuſceptibles d'être retranchés par la gorge; enſuite vient le front de la Porte de la Magdeleine. C'eſt au Baſtion de la gauche de ce front, que ſe termine le dernier agrandiſſement fait par M. de Vauban en 1670; ainſi le Corps de la Place que nous allons parcourir préſentement, eſt l'ancien des Eſpagnols: nous indiquerons les changements qu'on y a faits depuis. On doit admirer l'Ouvrage à cornes qui couvre le front de cette Porte, c'eſt un des plus beaux Ouvrages de Fortifications de la Ville; il a été ajouté par M. de Vauban. Cet Ouvrage couvre de ſes

Porte de la Magdeleine.

Ouvrage à Cornes ſur la Porte de la Magdeleine.

feux le front d'enfuite : il y a auffi des Cavaliers fur le Terre-plein des Baftions ; celui de la gauche, qui éxiftoit du temps du Siège fait par Louis XIV. en 1667, a été d'un grand ufage pour la défenfe. Louis XIV. voulut voir cette Batterie à fon entrée dans la Ville, à caufe du mal qu'elle avoit fait à fes Troupes pendant le Siège : elle étoit dite du Meûnier, à caufe d'un Moulin qui étoit fur le Baftion, & fervie par les Canonniers de la Ville.

Porte de St. Maurice. La Porte de St. Maurice, qui eft dans le front joignant celui dont nous venons de parler, a remplacé dans l'agrandiffement fait en 1617, par les Efpagnols, l'ancienne Porte dite de des *Renneaux* ou des Creneaux, de la prémiere enceinte de la Ville; les deux Baſtions de ce front ſont vaſtes; ſur celui de la gauche eſt un Cavalier, dont les feux plongeants ſeroient très-avantageux dans la défenſe: cette partie eſt cependant peu expoſée à être attaquée, étant dans un rentrant; ces Baſtions ſont couverts de beaucoup d'Ouvrages. De la Porte de St. Maurice à celle de Fives, l'ancien Corps de Place des Eſpagnols étoit fort irrégulier. Quoiqu'en avant de cette partie, il y ait une inondation qu'on peut former à volonté, & qui ne peut pas être ſaignée; néanmoins, M. le Comte DU MUY, Lieutenant-Général des Ar-

Inondation ſur la Porte de Fives.

D

mées du Roi, Commandant dans la Province, a jugé à propos, sur les projets qui lui ont été donnés par M. de Ramſault, Maréchal de Camp & Directeur des Fortifications, & M. de Caux, Brigadier des Armées du Roi, Ingénieur en Chef, d'y faire une rectification.

Petit Agrandiſſement à gauche de la Porte de Fives.

CE travail, approuvé par le Roi, a été commencé en 1767, & vient d'être terminé en 1771: on a formé en même-temps un petit agrandiſſement au Corps de Place, & ajouté ou augmenté pluſieurs ouvrages extérieurs; enfin on a mis ce front en état d'être un des plus forts de la Place, indépendamment de l'inondation.

Porte de Fives.

LA Porte de Fives eſt dans

le front suivant ; elle a été faite par Louis XIV. On voit dans la gorge du Bastion de la droite de ce front, l'ancienne Porte de Fives, dite de Fie ou de Fives ; (*) elle a été couverte par le Bastion qui y éxiste ; c'est par cette partie que Louis XIV. prit la Ville en 1667 ; le Bastion dont nous venons de parler n'éxistoit pas alors, ni la contre-garde qui le couvre ; il y avoit simplement de petites demi-lunes non revêtues, à la place de celles qui éxistent présentement. *(Vieille Porte de Fives.)* *(Siège, en 1667, par Louis XIV.)*

Le Bastion qui suit, est dit de la Noble-Tour, parce qu'on y voit encore intérieurement une Tour, reste de l'ancienne *(Bastion de la Noble-Tour.)*

―――――――
(*) Nom du Village où cette Porte conduit.

enceinte faite par les Comtes de Flandre ; cette Tour sert préfentement de Magafin à poudre. Le Baftion qui éxifte a été fait par les Efpagnols en 1659, mais l'Ouvrage à cornes qui le couvre eft de M. de Vauban; les pieces qui l'accompagnent, font plus modernes ; une partie en eft minée ; ce qui les rend fufceptibles d'une très-bonne défenfe. C'eft la gauche de la tête que forme la Ville de ce côté là : cette tête contient deux fronts, féparés au milieu par un petit Fort, dit de Saint-Sauveur ; ce Fort (conftruit en 1671), eft fermé du côté de la Ville, pour en impofer au Peuple en cas d'émeute. Dans la prémiere enceinte, il y avoit à la place

Fort Saint-Sauveur.

une Porte, dite de St. Sauveur, qui étoit positivement en face de la Rue du même nom; elle a été supprimée du temps des Espagnols (en 1674), comme étant trop près de celle des Malades, dont nous allons parler: le Fort est couvert par une belle contre-garde, il y a des demi-lunes sur les courtines.

Porte de St. Sauveur détruite.

La Porte des Malades,(*) en face de la Rue du même nom, est l'entrée du côté de la France. Après la prise de Lille, par Louis XIV. la Ville la fit décorer en 1682, d'un des plus beaux morceaux d'architecture qui éxiste: elle est la plus belle Porte des Places de guerre du Royaume;

Porte des Malades.

Porte des Malades, la plus belle du Royaume, faite par M. Volans. Voyez le Frontispice.

―――――――――――

(*) Ainsi nommée à cause d'un Hôpital auquel elle conduisoit anciennement.

sa décoration d'ordre dorique est terminée par un Trophée, au milieu duquel est la Victoire couronnant le Buste de Louis XIV. son éxécution répond à l'élégance de la composition. Le Bastion à droite de cette Porte est de M. de Vauban; on voit encore dans l'intérieur celui de l'ancienne enceinte des Espagnols: il est couvert, comme celui de la gauche de ses fronts, d'un bel Ouvrage à cornes, avec des Ouvrages intérieurement, faits en 1768: on est présentement occupé à rectifier le Corps de Place, entre ce Bastion & la Porte de Notre-Dame; on substitue un beau Bastion à une espece de Redan qui étoit à gauche de cette Porte, & on ajoute des

Nouveau Bastion à gauche de la Porte Notre-Dame, commencé en 1771.

pieces en avant ; ces Ouvrages, qui feront terminés inceſſamment, rendront cette partie déjà forte par elle-même, fuſceptible de la plus grande défenſe : le Corps de Place autour de la Porte Notre-Dame a été fait par les Eſpagnols en 1621, date que l'on trouve encore ſur ladite Porte. Elle a remplacé l'ancienne, dite du Molinel, qui étoit bien plus intérieurement dans la Ville, la nouvelle enceinte ayant formé un agrandiſſement conſidérable de ce côté là. *Porte Notre-Dame.*

DE la Porte Notre-Dame à la Citadelle, il n'y a que deux fronts, dans l'un deſquels eſt l'entrée des eaux dans la Ville & la Porte de la Barre ; cette partie eſt très-avantageuſement *Porte de la Barre.*

défendue par des Baſtions détachés, & de plus toute couverte par la grande inondation qu'on peut former avec la Deûle ; inondation qui met ſous l'eau tout le pays en avant, à plus d'une demi-lieue d'étendue. Cette inondation entoure tout-à-fait la Citadelle, & va ſe terminer à la Chauſſée de la Porte Royale, (*) dont nous avons déjà parlé.

Inondation.

Il y a une Digue (faite en 1699), qui part de la Porte Notre-Dame, & va juſqu'à celle de la Barre, qui empêche cette inondation de venir juſqu'aux murs de la Ville : l'intérieur forme une eſpece de

La Digue, promenade.

―――――――――――
(*) Dite de St. André, du nom de la Paroiſſe dans laquelle elle eſt ſituée.

Camp retranché que l'affiégé peut inonder à fa volonté. On a nouvellement planté cette Digue, ce qui formera par la fuite une promenade très-agréable.

La Citadelle eft totalement féparée de la Ville par une Efplanade très-vafte, dont une partie eft plantée de Tilleuls, qui forment une très-belle promenade ; en dehors elle eft, comme nous venons de le dire, toute entourée d'une inondation fort étendue ; enforte qu'on peut la regarder comme dans la meilleure pofition poffible, c'eft-à-dire, qu'elle ne peut être attaquée que du côté de la Ville, & par conféquent la Ville prife. Malgré l'avantage de fa pofition, M. de Vauban

Citadelle.

Efplanade, promenade.

qui en a entierement dirigé la conſtruction, n'a rien omis pour la rendre une des plus fortes que l'on connoiſſe; elle forme un pentagone régulier, avec une très-grande quantité d'Ouvrages détachés ſur chaque front. Depuis le dernier Siège, en 1708, on y a ajouté les contre-gardes retranchées qui éxiſtent préſentement : les Foſſés en ſont larges & très-profonds; ſur pluſieurs des Baſtions il y a des Cavaliers, ſous leſquels ſont des Caſemates pour mettre la garniſon à l'abri des bombes en cas de Siège. Les Remparts ſont fort larges & plantés de deux rangées d'arbres, ce qui forme une promenade très-agréable; tout l'intérieur eſt occupé par deux rangs de Bâtiments, contenant Pavillons, Caſernes, Magaſins, Gouvernements, &c. paralleles au tracé de la Place. La Place d'Armes eſt belle & plantée de pluſieurs rangées d'arbres.

Sur la prémiere Porte, dite Royale, du côté de l'Eſplanade, on lit l'Inſcription ſuivante.

Insula Victoriarum Ludovici XIV. devolutas Mariæ Thereſiæ conjugi Provincias armis repetentis cumulus ingens, novem ab ipſo diebus ſtupenti orbe ad deditionem compulſa, quæ cujuſvis alius impetum, aut fregiſſet, aut diù retardaſſet, quem invictum ſenſerat, providum ac beneficum experta, hujus arcis Regiâ munificentiâ extructæ præſidio, id adepta eſt, ut quæ reliquas Catholici Belgii Urbes opibus & numero civium facilè ſuperabat, nulli nunc, quod unum deerat, Munimentorum gloriâ cedat anno MVILXX.

„ Lille, dont la priſe couronne ſi
„ glorieuſement les Conquêtes de Louis
„ XIV. ſe remettant en poſſeſſion par les
„ Armes, des Provinces appartenantes
„ à ſon Epouſe Marie-Théreſe, Place

,, qui eût rendu inutiles ou retardé long-
,, temps les efforts de tout autre Héros,
,, & qui s'est vu forcée de se rendre à ce
,, Monarque en neuf jours, au grand
,, étonnement de l'Univers, éprouve
,, aujourd'hui la sagesse & la bienfaisance
,, de celui qui venoit de lui faire sentir
,, qu'il étoit invincible, & parvient enfin
,, à l'abri de cette Citadelle, où tout
,, annonce une magnificence vraiment
,, Royale, à ne le céder à aucune des
,, Villes de la Flandre Catholique, par la
,, force & la beauté de ses Fortifications,
,, seul avantage qui lui manquât, comme
,, elle l'emportoit déjà sans peine sur tou-
,, tes, par ses richesses & le nombre de
,, ses Citoyens. L'An MVILXX.

La seconde Porte, du côté de la Campagne, est dite *du Secours*, parce qu'elle ne doit servir qu'en cas de Siege.

La Ville de Lille, telle que nous venons de la décrire, peut être regardée comme une des plus fortes Places du Royaume, puisqu'elle n'offre aucun front plus foible l'un que l'autre;
qu'il

qu'il faut, vu fon étendue, une armée confidérable pour en faire la circonvallation, & qu'elle peut contenir une nombreufe garnifon pour fa défenfe, & la quantité de vivres & de munitions néceffaires pour la prolonger long-temps.

La Riviere qui baigne la Ville fe nomme la Deûle; elle prend fa fource aux environs de Lens & de la Baffée, cinq lieues au deffus de Lille, & va fe jetter dans la Lis près Deûlemont, trois lieues au deffous : ce Village a tiré fon nom du mot Flamand Deûlemondt, c'eft-à-dire, bouche de la Deûle, que nous avons corrompu en Deûlemont.

Riviere qui baigne la Ville.

Cours de la Deûle.

La partie au deffous de la

E

Basse-Deûle, navigable en 1232.

Ville jusqu'à la Lis, paroît avoir été navigable très-anciennement, puisqu'en 1232, la Comtesse Jeanne a donné aux Magistrats de Lille, l'Impôt nommé Longuet, qui étoit un péage ou vinage qu'elle percevoit sur les marchandises qui arrivoient à Lille par cette Riviere : cet Impôt subsiste encore sous le même nom, sur les marchandises qui viennent par la Basse-Deûle. Cette Riviere passe par Marquette, où elle reçoit celle de la Marque. Elle baigne à l'est les Villages de Wambrechies, le Quesnoy & Deûlemont, où, comme on l'a dit ci-devant, elle a son embouchure dans la Lis, un quart de lieue au dessous des

Eclufes & des Moulins de ce Village.

Louis XIV. s'étant rendu maître de la Ville en 1667, & la poffeffion lui en ayant été confirmée, par le Traité d'Aix-la-Chapelle en 1668, ordonna en 1686, fur les mémoires & projets qui lui en furent remis par M. de Vauban, un Canal de jonction de la Scarpe prife à Douai, au Canal de navigation qui éxiftoit de Lens à Lille; il accorda 20 mille livres pour commencer l'ouvrage, & voulut que le furplus fût fupporté moitié par la Ville de Lille, un quart par la Châtellenie, & l'autre quart par la Province d'Artois; on a travaillé à la conftruction de ce Canal, dont la

Canal de Douai, conftruit de 1686 à 1692.

dépenſe a excédé un million de livres, depuis 1686 juſqu'en 1692.

Le but de M. de Vauban, étoit non-ſeulement d'étendre & d'augmenter le commerce de la Ville, mais encore de procurer un plus grand volume d'eau, pour y former des inondations en cas de Siège, en y jettant à volonté toute la Scarpe, ce qui entroit dans le projet des nouvelles Fortifications que le Roi venoit d'y faire conſtruire. Ces deux avantages ſe rencontrant dans la conſtruction de ce nouveau Canal, il s'agiſſoit d'en procurer un troiſième, dont il donna ſeulement l'idée & le projet, dans un mémoire ſur la navigation générale de la Flandre, qu'il remit à Louis XIV. en 1706, c'étoit d'établir pour les Bateaux une communication du deſſus au deſſous de la Ville, ou de la Haute à la Baſſe-Deûle, attendu qu'on étoit obligé de les décharger, pour faire paſſer, par terre, les marchandiſes à travers de la Ville. La guerre étant alors ſurvenue, il ne put voir mettre ſon projet à exécution : ce ne fut qu'en 1750, qu'on commença à y travailler ; on n'a ſuivi aucune des routes qu'avoit indiqué M. de Vauban ; cependant le nouveau Canal remplit ſon objet, & préſentement les Bateaux venant de Condé par la Scarpe, ou de Douai, traverſent la Ville, & peuvent ſuivre

Communication de la Haute à la Baſſe Deûle, éxécutée en 1750.

leur route en remontant ou defcendant la Lis, pour les Villes, & tous les endroits où cette Riviere communique.

Par le moyen des différents Canaux dont nous venons de parler, la Ville a une navigation & un commerce des plus étendus; elle eſt l'entrepôt de toutes les marchandiſes pour la Flandre: cette navigation eſt encore beaucoup augmentée depuis la conſtruction du Canal d'Aire à St. Omer, puiſqu'elle communique juſqu'à Dunkerque.

Tous ces travaux ont contribué à mettre la Ville de Lille dans l'état floriſſant où elle eſt aujourd'hui, & ont encouragé ses manufactures, en en facilitant le débouché.

Après avoir considéré Lille comme Place Militaire, & avoir rapporté les différentes époques de ses agrandissements, par rapport aux Fortifications, nous allons à présent donner une idée, tant des différents Corps qui composent son administration, que de son commerce, & un détail des beautés intérieures qu'elle renferme.

L'Etat-Major de Lille est composé d'un Gouverneur, d'un Commandant ou Lieutenant de Roi, d'un Major, de trois Aide-Majors, quatre Sous-Aide-Majors & un Greffier militaire, qui ont tous des appointements du Roi, avec des

Etat-Major de la Ville.

émoluments & un logement de la Ville; il y a auſſi un Tréſorier des Troupes & pluſieurs Commiſſaires des Guerres.

<small>Etat-Major de la Citadelle.</small> LA Citadelle a un Gouverneur indépendamment de celui de la Ville, un Lieutenant de Roi, un Major & un Aide-Major.

<small>Etat-Major du Fort Saint-Sauveur.</small> L'ETAT-MAJOR du Fort Saint-Sauveur conſiſte en un Commandant, un Major & un Aumônier.

<small>Artillerie.</small> LE ſoin de l'Artillerie eſt confié à un Directeur, qui a ſous lui pluſieurs Officiers; il y a un Garde-Magaſin à la Ville, & un à la Citadelle.

ON a nouvellement beaucoup augmenté l'Arſenal de la Ville, en y conſtruiſant pluſieurs Hangars, pour mettre les uſtenſiles d'artillerie à couvert.

Les Fortifications ſont conduites par un Directeur qui réſide ordinairement à Lille, un Ingénieur en chef, & pluſieurs Ingénieurs ordinaires. *Fortifications.*

Il y a un Tréſorier pour l'Artillerie & le Génie; la Ville eſt auſſi la réſidence de pluſieurs Commiſſaires des Guerres, tant pour la Police des différents Régiments en garniſon, que pour celle des Hôpitaux militaires & des vivres.

Les principaux établiſſements militaires, ſont les Corps des Caſernes; il y en a preſqu'aux environs de toutes les Portes; les plus beaux ſont ceux de la Magdeleine, & de St. Maurice. On eſt préſentement *Caſernes.*

occupé à bâtir un Quartier pour la Cavalerie auprès de la Porte de St. André : il y en a déjà trois Corps entièrement terminés ; toutes les Ecuries en font voûtées, ainsi que les Bâtiments des Forges, & ceux qui sont à l'usage des Troupes : ce Quartier pourra passer pour un modele en ce genre.

Le Corps-de-garde sur la grande Place, en fait un des plus beaux ornements.

Manege & Salle d'Exercice. Il y a sur l'Esplanade un très-beau Manege pour la Cavalerie, & auprès, une belle Salle pour l'éxercice de l'Infanterie.

L'Hôpital Militaire. L'HÔPITAL Militaire, Place des Bleuets, est très-bien administré ; mais le Bâtiment n'a rien de remarquable, & n'est qu'une Maison provisoirement adaptée à cet usage, appartenante aux Orphelins Bleuets.

La Prison est dans la Rue de St. Pierre, à l'endroit où étoit l'ancienne Porte de St. Pierre, avant l'agrandissement : le Bâtiment est d'une décoration analogue à son objet. Il y en a une autre près de l'Hôtel de Ville. Prisons.

DES RUES ET PLACES DE LA VILLE.

IL se trouve peu de Villes aussi bien percées que Lille : on y compte vingt-sept Places, cent soixante-dix Rues, au moins, & vingt-quatre Cours ; ces Rues, dont les noms sont marqués à chaque entrée, sont Des Rues.

une de ſes plus grandes magnificences : preſque toutes ſont droites & fort larges, très-bien percées & fort commodes pour les voitures ; elles ſont éclairées le ſoir par des Lanternes pendant l'hiver ; cet établiſſement remonte juſqu'en 1624. On leur a ſubſtitué depuis quelques années des Réverberes faits ſur le modele de ceux de Paris. Les plus belles Rues, ſont celles du nouvel agrandiſſement fait en 1670, entre leſquelles on doit remarquer la Rue Royale qui conduit à la Porte de ce nom, vulgairement, dite de St. André ; elle eſt fort large, preſque toutes les façades en ſont régulieres, au moins pour la hauteur ; les Rues des Malades,

de

de St. Sauveur, du Gouvernement, des Jésuites, &c. méritent aussi d'être remarquées.

La grande Place ou Place d'Armes est une des plus belles qu'on connoisse ; elle a 420 pieds de longueur, sur 220 de largeur, presque toutes les façades des Maisons qui l'entourent sont d'une égale élévation ; le Corps-de-Garde & la Bourse (*) y forment une décoration ; c'est où l'on monte la Parade tous les jours, excepté le mercredi & le samedi, qu'elle est occupée par le Marché. Près de la grande Place sont la petite

Place d'Armes.

_____

(*) Le Corps-de-Garde a été bâti en 1717 ; l'Architecture en est remarquable, & a mérité l'attention des connoisseurs. La Bourse a été bâtie en 1652 ; on en trouve le plan *dans les délices des Pays-Bas*, tom. 2, pag. 185.

Place, celle de Rihours, le Marché aux Poulets, le Marché aux Poiſſons, &c. Il y a encore du côté de St. Pierre, deux Places aſſez belles, l'une, dite de St. Martin; l'autre plus grande, entourée de Tilleuls, nommée Place aux Charbons, où ſe tient auſſi le Marché aux Bêtes, &c.

Port d'en bas. Le Port de l'intérieur de la Ville, dit le grand-Rivage, près St. Pierre, en fait auſſi un des plus beaux ornements; c'eſt où ſe fait le plus grand commerce pour le chargement & le déchargement des marchandiſes: tous les Bateaux y viennent à Quai; il eſt traverſé par pluſieurs Ponts: celui du mi-

Pont-neuf ou Royal. lieu, dit Pont-neuf ou Pont-Royal, conſtruit en 1701, mérite d'être remarqué par l'élégance de sa construction.

Le Port d'en haut ou petit-Rivage, près la Porte de la Barre, n'est qu'un grand Bassin qui n'a rien de remarquable.

La Ville est traversée intérieurement par quantité de petits Canaux, où se déchargent les Acqueducs qui passent sous les Rues, & y entretiennent la propreté ; tous ces Canaux se renouvellent continuellement ; leurs eaux font tourner plusieurs Moulins.

DES BATIMENTS
Civils remarquables, & des Eglifes.

LEs Maifons de la Ville, dont on fait monter le nombre à huit mille, font numérotées & divifées en fept quartiers diftingués par les lettres A. B. C. D. E. F. G. Elles font prefque toutes régulieres, d'un goût moderne, préfentant généralement de belles façades à deux étages, fans y comprendre la Manfarde, ayant toutes une ou plufieurs Caves peu profondes, dans lefquelles loge une quantité prodigieufe de peuple. Les murs ont ordinairement peu d'épaiffeur, ils font composés de pierre de grès, de briques, & de pierres blanches que l'on tire du village de Lezennes, à une demi-lieue de la Ville. Il reste très-peu de Maisons de bois : dans le nombre des prémieres, il en est plusieurs qui sont fort belles, & dont les façades extérieures sont des plus régulieres. Les Meubles sont ordinairement propres ; on y voit des Tapisseries du Pays qui imitent les communes des Gobelins, &c. peu de Poîles, sinon dans les Antichambres, dans lesquels on brûle de la Houille. Le Bois est le chauffage le plus en usage. La méthode de la plupart des particuliers est de faire laver leur Maison toutes les semaines.

Les Fauxbourgs de la Ville font remplis de très-beaux Jardins & Guinguettes; on en trouve une fort grande à la sortie de la Porte Notre-Dame, nommée la *Nouvelle - Aventure*, dont nous parlerons plus amplement ci-après.

LILLE est la résidence ordinaire du Gouverneur de la Province & de l'Intendant, l'un des Membres des Etats du Pays, le Chef-lieu d'une Subdélégation de son nom, avec un Siège Echevinal, un Bailliage, une Gouvernance, un Bureau des Finances, une Jurisdiction des Eaux & Forêts, un Hôtel des Monnoies, une Maréchaussée, une Chambre de Commerce & une Chambre Consulaire, &c.

du Diocèse de Tournai & du ressort du Conseil Supérieur de Douai.

Cette Ville contient sept Paroisses, plusieurs Maisons Religieuses de l'un & l'autre sexe, plusieurs Hôpitaux & autres Maisons de secours.

DES PAROISSES.

Les sept Paroisses de Lille sont, *St. Pierre*, *St. Etienne*, *St. Maurice*, *St. Sauveur*, *Ste. Catherine*, *la Magdeleine & St. André*. Des Paroisses.

L'Eglise Collégiale de St. Pierre est un des plus beaux Monuments de la piété des anciens Souverains du Pays. Le Eglise Collégiale & Paroisse de St. Pierre.

Chœur des Chanoines eſt aſſez beau. On voit encore au deſſus des Stalles, les Blaſons des Seigneurs qui compoſerent le ſeptieme Chapitre de la Toiſon d'or, tenu par Philippe le Bon, à Lille, en 1435. Au milieu du Chœur eſt inhumé Baudüin V. Comte de Flandre, Fondateur de cette Egliſe & de ſon Chapitre.

Le Tableau du Maître-Autel, peint par *La Foſſe*, repréſente Notre-Seigneur qui donne les clefs à St. Pierre.

Dans une des Chapelles à droite du Chœur, eſt un Tableau d'*Arnould de Vuez*, repréſentant une Ste. Cécile.

Dans la Chapelle Paroiſſiale, le Tableau du Maître-Autel,

peint par *Jean Van-Oost* le fils, repréfente la Ste. Famille. Les curieux remarquent auffi les deux Piliers de pierre de grès, foutenant la voûte de cette Chapelle, hauts de 19 pieds & d'une feule piece.

Dans une Chapelle qui fe trouve dans la grande Nef, derriere la Chaire, on voit le Martyre de St. Adrien, peint par *Bergame* le pere.

Dans la Chapelle qui eft derriere le Chœur, font deux Buftes, repréfentant St. Pierre & St. Paul; ils font de la main du célebre Quillins Sculpteur d'Anvers, & ont été donnés par M. le Chanoine Hugues Delobel, qui employa ce célebre Artifte pendant un an chez lui, à différents ouvrages qui font reftés dans fa famille, & font actuellement (en 1772) placés dans la maifon de Melle. Vandercruiffen, fa petite niece, Rue Royale. On diftingue parmi ces pieces rares, une figure de marbre, repréfentant Mercure, que les connoiffeurs admirent comme un chef-d'œuvre.

Dans la Chapelle de Notre-Dame, eft le magnifique Tombeau de Louis de Mâle, dernier Comte de Flandre de la fixieme race; il eft environné fur les quatre faces de 24 figures, repréfentant les Princes & Princeffes de fa Maifon, avec différents emblêmes. Sa femme Marguerite de Brabant, & fa fille Marguerite de Flandre, sont représentées couchées sur le Tombeau à ses côtés : on en trouve la description dans le Dictionnaire des Gaules, sous le mot *Lille*.

L E Chapitre de l'Eglise de St. Pierre est composé d'un Prévôt, d'un Doyen, d'un Chantre, d'un Trésorier, d'un Ecolâtre, de 40 Chanoines, de 50 Chapelains & Vicaires, d'un grand nombre de Musiciens gagés, de huit ou dix Enfants de Chœur, outre un bon nombre de Boursiers, & 30 ou 40 Clercs.

La dignité de Prévôt est à la nomination du Roi, & vaut environ 6000 livres de revenu. Quoique le Prévôt soit le Chef, c'est cependant le Doyen qui préside aux Assemblées capitulaires; le Doyen, le Chantre, le Trésorier & l'Ecolâtre sont élus par le Chapitre. Le Doyenné vaut un 2e. Canonicat, la Chantrerie beaucoup moins, & la Tréforerie beaucoup plus. Les Canonicats valent plus de 3000 livres de revenu par an.

Il y en a trois affectés aux Evêques de Tournai, de Bruges & d'Ypres. Depuis quelques années, le Prévôt nomme à tous les Canonicats. Ce Chapitre a une Bibliotheque également belle, nombreuse & bien choisie; elle est ouverte au public deux jours de la semaine, le mardi & le jeudi.

<small>Bibliotheque publique.</small>

La Paroisse de St. Pierre est la plus petite de la Ville, elle ne contient

contient pas cinq cents Maifons.

L'Eglise Paroiffiale de St. Etienne eft vafte & d'un affez beau gothique ; le Chœur en eft petit, mais orné avec goût. Paroiffe de St. Etienne.

En entrant dans cette Eglife, on voit à la droite le Tableau d'Autel de la prémiere Chapelle, repréfentant l'Enfant Jéfus fur les genoux de fa Mere, montrant à des Anges les Inftruments de fa Paffion ; derriere lui eft placé St. Jofeph, peint en 1630, par *J. Van-Oost* le fils.

Aux deux côtés de cet Autel, font placés à la droite, St. Eleuthere, & à la gauche, St. Piat, Tableaux bien peints par *Bergame* le pere.

Le Tableau d'Autel de la

seconde Chapelle repréſente la Transfiguration; belle compoſition par *Van-Ooſt* le pere.

Aux deux côtés de cet Autel, ſe trouvent, à la droite, la Converſion du pécheur, par *Bergame* le pere, & à la gauche, la mort de St. Alexis, beau Tableau, peint par *Roſſignol*.

Dans la troiſieme Chapelle, dédiée à l'Ange-Gardien, en face de l'Autel, on voit St. Roch qui demande à Dieu la guériſon des malades de la peſte; Tableau bien compoſé, & du plus bel effet, peint par *Bergame* le pere.

Dans la Croiſée à droite, on voit le Martyre de St. Etienne, beau Tableau d'une belle &

grande composition, peint par *Langhenjan.*

A la droite du Chœur, dans la Chapelle de Ste. Barbe, le Tableau de l'Autel repréſente le Martyre de cette Sainte, peint par *J. Van-Ooſt* le fils.

Dans la même Chapelle, on voit dans la Boiſerie, l'Immaculée Conception, beau Tableau, peint par *J. Van-Ooſt* le fils.

L'Autel à la gauche du Chœur, a pour Tableau le Martyre de St. Jacques: il eſt bien compoſé, la couleur en eſt vraie & vigoureuſe; on le croit peint par *J. Van-Cleef.*

Contre le pilier, au bas de cette Chapelle, eſt un Tableau repréſentant le Martyre de

St. Erafme, attribué au *Pouſſin*.

A l'Autel de la Chapelle ſuivante, le Tableau repréſente la Ste. Trinité qui couronne la Vierge dans le Ciel; c'eſt une copie par *Dupomel*, d'après l'original de *Vandick*.

LE Tableau d'Autel de la Chapelle de Communion, repréſente l'Election de St. Nicolas à l'Epiſcopat, peint par *Arnould de Vuez*.

CETTE Paroiſſe, qui eſt au centre de la Ville, comprend environ dix-huit cents Maiſons. Elle eſt celle de l'Hôtel de Ville & c'eſt la plus commerçante.

Paroiſſe de St. Maurice. L'EGLISE de St. Maurice eſt d'une architecture moderne, elle a cinq Nefs, deux de ces Nefs ſont diviſées en différentes Chapelles. En entrant dans cette Eglise par le grand Portail, on voit au dessus des deux fausses Portes des côtés, deux Ports de Mer, ayant pour sujet St. Nicolas, bien peints & bien coloriés par *J. Vanderburgh* le pere.

Dans la Chapelle à droite, le Tableau d'Autel représente le Martyre de St. Maurice, peint par *Langbenjan*.

Dans la croisée du même côté, il se trouve quatre Tableaux peints par *Wamps*, dont un représente l'adoration des Mages, un autre le Baptême du Sauveur par St. Jean, un autre le Seigneur bénissant les enfants, & le quatrieme, le Centenier.

A l'Autel de la seconde Chapelle de la droite, on trouve le Martyre de St. Sébastien, dans le goût de *Morillos*. En face de cet Autel, on voit St. Jean l'Aumônier, excellent Tableau, peint par *Wamps*.

DANS la troisieme Chapelle, qui est celle de St. Nicolas, on voit à l'Autel un Tableau représentant St. Nicolas qui arrête le bras du Bourreau prêt à trancher la tête d'un Captif, bien peint par...... De chaque côté de cet Autel, sont St. Pierre & St. Jérôme, peints par *Van-Oost* le fils.

DANS la même Chapelle, en face de l'Autel, sont deux Tableaux, dont l'un est le Martyre de St. Vincent, & l'autre, la Décollation de St. Jean, ce dernier est de *Dominique Van-Oost* le petit-fils.

Dans la Chapelle des Morts, à la droite de l'Autel, est un Tableau représentant des Saints qui se fustigent ; des Anges les soutiennent, & dans la gloire, Dieu assis sur un nuage ; peint par *Bergame* le pere.

Le Tableau placé à l'autre côté, est du même Artiste : on y voit St. Ignace prosterné devant l'Enfant Jésus, & la Vierge assise dans une gloire environnée d'Anges.

Dans la Chapelle de Ste. Barbe, est le Martyre de cette Sainte, bon Tableau de *Bergame* le pere.

Dans la Chapelle de Notre-Dame de Lieſſe, à la droite de l'Autel, eſt St. François de Sales; à la gauche, St. Charles Borromée en prieres pour le ſoulagement des peſtiférés, peints par...... Dans la même Chapelle eſt le Tableau de l'Epitaphe d'*Antoine le Gillon* & d'*Anne* ſa ſœur, repréſentant l'Enfant Jéſus, la Vierge & St. Joſeph, le frere & la ſœur y ſont à genoux, en prieres; c'eſt un beau Tableau peint avec fermeté par *J. Van-Ooſt* le pere.

En face de l'Autel, le Tableau repréſente le Mariage de la Vierge, peint par *Wamps*.

Dans la Chapelle de la Ste. Croix, aux deux côtés de l'Autel, ſont deux médaillons, peints par *Arnould de Vuez*.

Le Tableau qui fait face à cet Autel, repréſente l'Annonciation, bien peinte par *Arnould de Vuez*.

Dans la même Chapelle, au deſſus de la Porte du Sépulcre, on voit St. Jean de la Croix, beau Tableau, peint par le même.

Le Tableau d'Autel de la Chapelle de Ste. Anne repréſente une Ste. Famille, ſujet bien compoſé, peint par *J. Van-Ooſt* le fils.

Aux quatre piliers de la croiſée, ſont placés quatre Tableaux repréſentant les douze Apôtres; les figures ſont de grandeur naturelle & juſqu'aux genoux : il y en a trois dans chaque Tableau : les têtes sont belles & du plus beau choix, les draperies sont larges & bien pliées, d'une bonne couleur, peints par *Jacques Jordaens*; c'est un présent fait par un Marguillier de cette Eglise.

La Chaire de marbre est d'un assez bon goût, & le Chœur a été embelli depuis peu.

Cette Paroisse est la plus considérable de la Ville, elle comprend aussi dix-huit cents Maisons ou environ, & aboutit à trois Portes, qui sont celles de St. Maurice, de Fives & de Notre-Dame.

Paroisse de St. Sauveur.

L'Eglise Paroissiale de St. Sauveur est d'un goût gothique ; la Fleche bâtie de pierres d'Avesnes, est distinguée par sa hauteur.

En entrant dans cette Eglise, on voit sur la droite, à l'Autel de la prémiere Chapelle, un Tableau représentant St. Joseph mourant; Notre-Seigneur lui met une tige de lis dans la main; ce Tableau, bien peint, est de *Bergame* le pere.

Dans la Chapelle à la gauche, on voit Ste. Barbe aux pieds de Notre-Seigneur, peint par *Arnould de Vuez*.

Le Tableau de l'Autel suivant, représente St. Hubert aux pieds du Pape, refusant la Mitre, peint par *Arnould de Vuez*.

Au Maître-Autel du Chœur est représentée la Transfiguration, peinte par *Van-Oost* le fils. On y voit au dessus des Stalles six belles pieces de Tapisseries, de *Verniers*.

CETTE Paroisse, qui aboutit à la Porte des Malades, & comprend le Fort de St. Sauveur, contient environ douze cents Maisons; elle renferme seule presque toute la fabrique de Saïetterie.

Paroisse de Ste. Catherine.

L'EGLISE Paroissiale de Ste. Catherine a été récemment ornée dans tout son contour, d'une fort belle Boiserie. La Fermeture du Chœur est un des meilleurs ouvrages en fer qu'il y ait en Flandre, fait en 1769 par *De Warlet*, Artiste de Lille, & Eleve de l'Ecole de Dessein de la même Ville.

LE

LE plus beau Tableau est placé au Maître-Autel : il repréſente le Martyre de Ste. Catherine, au moment que le Bourreau va lui trancher la tête : il eſt peint par *Rubens*, la compoſition en eſt riche ; le Grand-Prêtre au devant, eſt d'un grand caractere & bien drapé : le tout eſt bien peint, bien colorié & d'un grand effet. Ce Tableau eſt un don fait à cette Egliſe, par Meſſire *Jean de Seur* & ſa femme *Marie Patin*.

<small>Beau Tableau de Rubens.</small>

LE Tableau de l'Autel à gauche eſt peint par *Wamps* : il repréſente l'Adoration des Bergers ; il n'eſt pas ſans mérite.

CETTE Paroiſſe qui comprend une partie de la Rue

Royale, renferme environ douze cents Maisons dans la Ville, elle s'étend jusques dans le Fauxbourg de la Barre & dans la Citadelle.

Paroisse de la Magdeleine. L'Eglise de la Magdeleine est faite en forme de Dôme.

Dans la Chapelle à droite, le Tableau d'Autel représente l'Apparition de St. Nicolas à un Monarque endormi, peint par *Wamps*.

Au Chœur, on voit la Résurrection du Lazare, peint par *Van-Oost* le fils.

Dans la Chapelle à gauche, le Tableau d'Autel représente St. Roch, bien peint par *Arnould de Vuez*.

Aux deux côtés des Chapelles, au pourtour, sont quatre Tableaux qui repréſentent quatre Peres de l'Egliſe à demi-corps; on les croit peints par *G. Segers.*

La Paroiſſe de la Magdeleine renferme environ ſept cents Maiſons; c'eſt celle de l'Hôpital-général; elle aboutit à la Porte de la Magdeleine & à la Porte d'Eau; c'eſt le canton le plus élevé & le plus ſain de la Ville, hors de laquelle elle a un ſecours.

L'Eglise de St. André eſt petite, dans la prémiere Chapelle à droite en entrant, le Tableau d'Autel repréſente St. Roch, peint par *Wamps.*

Dans la ſeconde, eſt St. Luc peignant le portrait de la Vierge, peint par *Arnould de Vuez.*

Paroiſſe de St. André.

Le Tableau d'Autel, dans la Chapelle à côté du Chœur à droite, représente l'Adoration de l'Agneau, & à côté le Martyre de St. André, tous deux peints par *Arnould de Vuez*.

Le Tableau du Maître-Autel, représente la Transfiguration, peint par *Van-Oost* le pere.

Le Tableau en rond, placé au dessus de la Transfiguration, représente Dieu le Pere, par le même Peintre.

A la gauche du Chœur, on voit l'Immaculée Conception, par *Bergame* le pere.

Cette Paroisse, quoique l'une des plus étendues par son terrein, ne renferme qu'environ huit cents Maisons dans la Ville, elle aboutit à la Porte de St. André, hors de laquelle elle s'étend encore.

Toutes ces Paroisses sont desservies par des Ecclésiastiques qui y font l'Office aux heures ordinaires. Outre cela, il y a dans chacune plusieurs Chapellenies avec leurs Chapelains en titre.

Il se fait, année commune, dans les sept Paroisses de la Ville, environ deux mille quatre cents Baptêmes & quatre à cinq cents Mariages; on y compte dix mille chefs de famille & quatre-vingt mille habitants au moins.

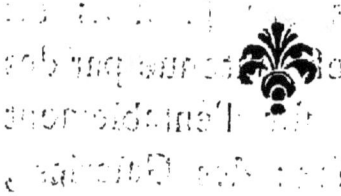

DES MONASTERES D'HOMMES.

ON compte dans Lille huit Maisons Religieuses d'hommes, les *Jacobins* ou *Dominicains*, les *Récollets*, les *Capucins*, les *Minimes*, les *Carmes déchaussés*, de la réforme de Ste. Thérèse, les *Carmes chaussés* ou non-réformés, les *Augustins* & les *Freres Bons-Fils*, du Tiers-Ordre de St. François; ceux-ci détiennent dans leur Maison les fous & les mauvais sujets.

L'Eglise des Jacobins, dans la Rue des Dominicains, Paroisse de St. Etienne.

L'EGLISE des Jacobins est belle, elle est soutenue par des Colonnes, sur l'entablement desquelles sont des Galeries, avec Baluſtrades, qui en rendent l'aſpect très-agréable.

Le Portail au dehors eſt décoré de trois Ordres les uns ſur les autres, l'Ionique, le Corinthien & le Compoſite, avec des Colonnes engagées à moitié ; c'eſt un des plus beaux morceaux d'Architecture de la Ville.

Le Tableau d'Autel de la Chapelle à gauche, repréſente St. Dominique qui reçoit les Bulles pour l'Inſtitution de ſon Ordre, des mains du Pape aſſiſté de pluſieurs Cardinaux ; ce Tableau eſt compoſé avec beaucoup d'intelligence, correct de deſſein & d'une bonne couleur ; dans le goût de *Seur*.

A côté, on voit, contre le

pilier de la Nef, St. Dominique, c'est un bon Tableau, peint par *Rossignol*.

Le Tableau qui représente l'Enfant Jésus dans une gloire, peint par *Rossignol*, est très-piquant, & la couleur en est belle & vraie.

Le Tableau représentant St. Dominique qui reçoit le Rosaire des mains de la Vierge & de l'Enfant Jésus, est peint par *le même*; ce Tableau est encore plein de finesse & d'un bel effet.

Contre le pilier de la Nef, de l'autre côté, le Tableau représentant Ste. Catherine de Sienne, avec une Couronne d'épine sur la tête, est aussi un bon Tableau, peint par *Rossignol*.

L'Autel à côté, a pour Tableau le Martyre de St. Pierre, de l'Ordre de St. Dominique, peint par....

Huit Payfages décorent le Chœur, les prémiers à droite & à gauche, font peints par Dominique *Vanderburgh* fils, les autres font de *Jacques Vanderburgh* pere.

En defcendant vers le Portail, dans une Chapelle à gauche, eft le Maufolée qu'Eléonore de Lorraine fit élever au Duc de Melun fon fils, par *François Dumont*, Sculpteur du Roi & de l'Académie Royale de Peinture & de Sculpture. Cet Artifte y fut tué en plaçant le rideau de plomb, qui fe détacha & tomba fur lui ; les deux

Figures de marbre, ainsi que les accessoires, sont de bon goût.

LE Tableau de l'Autel est peint par *Arnould de Vuez*, & représente Notre-Seigneur descendu de la Croix.

DU même côté, contre un des piliers de cette Eglise, est placé un bon Tableau, peint par *Rossignol*, qui représente Ste Rose; la tête est belle, le pinceau ferme & très-facile.

CONTRE les piliers de la Nef, sont plusieurs Tableaux qui représentent des Saints de l'Ordre de St. Dominique, peints par *Rossignol*; au dessus des Confessionnaux, sont placés des Paysages avec Figures par *le même*; ce sont pour la plupart de bons Tableaux.

L'Eglise des Récollets est remarquable par la hardiesse de sa voûte, qui est fort élevée & fort large, & n'a qu'une seule Nef. *Eglise des Récollets, dans la Rue de leur nom, Paroisse de St. Etienne.*

On voit au dessus du prémier Confessionnal à droite, un Tableau représentant l'Adoration des Mages, peint par *Wamps*.

Au dessus du second, le Tableau représente un Ange qui donne la Communion à un Religieux, & St. Bonaventure célébrant la Messe, peint par *Arnould de Vuez*.

Au dessus du petit Portail qui conduit à la Rue des Sœursnoires, le Tableau représente St. Bonaventure écrivant ; devant lui est un Crucifix qui semble l'inspirer ; derriere lui, St. Dominique & un autre Religieux observent notre Saint dans sa méditation : c'est un des plus beaux Tableaux d'*Arnould de Vuez*.

LE Tableau suivant représente un Religieux qui refuse la Tiare, peint par *Arnould de Vuez*.

LE cinquieme est aussi peint par *Arnould de Vuez*, il représente le Concile de Nicée.

LE sixieme Tableau représente St. Antoine qui adore l'Enfant Jésus, peint par *Wamps*.

LE septieme représente St. Antoine de Padoue, guérissant la jambe d'un jeune homme qui s'étoit coupé le pied d'un coup de de hache, de repentir d'avoir donné un coup de pied à fa mere, peint par *Arnould de Vuez*.

Le Tableau du Maître-Autel repréfente Notre-Seigneur attaché fur la Croix, à fes côtés font la Vierge & St. Jean, au bas de la Croix, la Magdeleine en pleurs; fur le fécond plan, des Soldats qui tournent vers la Ville. Ce Tableau, peint par *A. Vandick*, eft bien compofé, de la plus belle couleur, claire & argentine.

Beau Tableau de A. Vandick.

A l'Autel de la gauche du Chœur, on voit la Vierge fur le Croiffant, portée par des Anges & couronnée par la Ste. Trinité perfonnifiée, bon Tableau peint par *Vandick*.

L'Autel à la droite, a pour Tableau St. Antoine qui présente une Hostie à un Vieillard à ses genoux, suivi de son âne; deux autres Figures sont à la suite; c'est aussi un bon Tableau de *Vandick*.

En entrant, le prémier Tableau à la gauche, représente la Cène, peint par *Wamps*.

Le second représente un Saint qui refuse une Coupe qu'un Ange lui présente, peint par *Arnould de Vuez*.

Le troisieme représente un Saint qui fait apporter des Vases d'or & d'argent, qu'il fait jetter au feu; bon Tableau, peint par *Arnould de Vuez*.

Le quatrieme, Saint François qui reçoit du Ciel l'Indulgence de Notre-Dame des Anges, peint par *Arnould de Vuez*.

Le cinquieme, St. François mourant entre les bras d'un Ange ; bon Tableau, dans la maniere *du Guide*, peint par *Arnould de Vuez*.

Le sixieme, un St. Francifcain reçoit d'un Ange à boire & à manger ; un Religieux & plusieurs autres Figures paroisfent dans la plus grande surprife de cet événement : ce Tableau n'est pas fans mérite, il est peint par *Bergame* le pere.

Le septieme représente un Saint de l'Ordre, qui prêche le peuple ; ce Tableau peint par *Arnould de Vuez*, est composé & drapé comme les ouvrages de *le Seur*, le fond intéresse également ; l'Architecture est distribuée avec une sçavante économie.

<small>Eglise des Capucins, dans la Rue du même nom, Paroisse Saint Sauveur.</small> DANS l'Eglise des Capucins, on voit à la prémiere Chapelle à gauche, St. François qui reçoit l'Enfant Jésus des mains de sa Mere : derriere le Saint, est un autre Religieux du même Ordre ; dans le Ciel est une Gloire & des Anges : ce bon Tableau a été lavé, il est peint par *Rubens*.

A l'Autel de la Chapelle suivante, on voit l'Adoration des Bergers, par *Rubens* ; ce Tableau a été aussi lavé.

<small>Beau Tableau de Rubens.</small> AU Maître-Autel, est une descente de Croix ; Tableau peint par *Rubens*. Ce sujet si

souvent répété, ne reſſemble nullement à ceux de ce Maître qui ſont déjà connus : il eſt bien compoſé, la tête de la Vierge & celles des autres Saintes Femmes, ſont belles & très-expreſſives, le deſſein en eſt correct & du plus bel effet.

Les deux volets qui ferment le Chœur, repréſentent du côté droit St. Bonaventure Cardinal, & à la gauche St. François, peints par.....

Dans l'Egliſe des Carmes déchauſſés, on voit en entrant à la droite un Saint de l'Ordre, Tableau peint par.... enſuite trois autres Tableaux, peints par *Van-Ooſt* le fils. Carmes déchauſſés, près de la Porte de la Magdeleine, Paroiſſe du même nom.

L'Autel de marbre, dans la Chapelle de la droite, a pour

Tableau, Ste. Thérese qui reçoit un Chapelet de la Vierge; auprès d'elle font St. Joseph & des Anges; c'est un beau Tableau, peint avec fermeté par *Van-Oost* le fils.

Dans la Chapelle de la Vierge, l'Autel de marbre est orné d'un Tableau de *Van-Oost* le fils, représentant St. Albert qui reçoit le Scapulaire de la Ste. Vierge : ce Tableau est bien composé.

On voit au Maître-Autel la Vierge & St. Joseph qui présentent l'Enfant Jésus à la vue du peuple; dans le Ciel est assis Dieu le Pere, & plus bas le St. Esprit. Au bas de ce Tableau est placé St. Jean enfant, avec son Agneau, à ses côtés sont un Saint & une Sainte de l'Ordre : c'est un des plus beaux Tableaux de *Van-Oost* le fils.

Au dessus des Confessionnaux à gauche, les meilleurs Tableaux, sont St. Jean de la Croix qui panse la jambe d'un Frere de l'Ordre, peint par *Van-Oost* le fils, & l'autre, la délivrance de St. Jean de la Croix de la Prison, peint par *Dominique Van-Oost* le petit-fils.

On voit encore au dessus du grand Portail, un beau Paysage, représentant l'enlévement d'Elie, peint par.....

L'Eglise des Carmes chauffés, achevée depuis peu d'années, est vaste ; elle vient d'être ornée d'une nouvelle Chaire.

<small>Carmes chauffés, dans la Rue Royale, Paroisse de St. André.</small>

Dans le Réfectoire de ces

Religieux, on voit une belle & grande compoſition, dans la maniere du *Pouſſin*. Ce Tableau qui occupe toute la largeur du fond, & ſe termine à la voûte, eſt peint par *Arnould de Vuez*; le ſujet repréſente Notre-Seigneur chez le Phariſien, le fond eſt d'une ſçavante Architecture, mais il a été repeint.

Aux deux côtés de la Porte d'entrée, ſont deux Tableaux d'une moyenne grandeur; l'un, repréſente un Ange qui porte du pain & de l'eau à Elie; l'autre, Elie qui reprend un Prince idolâtre, au moment qu'il ſacrifie à ſes fauſſes divinités; ce ſont deux aſſez jolis Tableaux, peints par *Arnould de Vuez*.

Egliſe des L'EGLISE des Minimes eſt

petite, il s'y trouve quelques Tableaux peints par *Wamps*.

<small>Minimes, dans la Rue de la Barre, Paroisse de Ste. Catherine.</small>

DANS la Sacristie, est un beau Tableau, peint par *Arnould de Vuez* : il représente l'Ange Gardien qui détourne un jeune homme de l'écueil des vices, qui sont désignés par le Serpent & par le Lion. On ne doit pas oublier de voir le Cloître ; toutes les vitres sont peintes par *A. Diepenbeke* : ces sujets sont composés avec esprit, & dessinés avec fermeté & correction : le ton est à peu près comme les desseins lavés.

L'EGLISE des Augustins quoiqu'assez grande, ne renferme rien de remarquable.

<small>Eglise des Augustins, Rue de leur nom, Paroisse de St. Maurice.</small>

DANS le Réfectoire de ces Religieux, sont placés deux

grands Tableaux, peints par *Arnould de Vuez*: le prémier repréfente un Saint de l'Ordre qui guérit plufieurs malades; dans le haut du Tableau, eft une gloire avec des Anges.

Le fecond fait voir la diftribution des aumônes aux Pauvres. Ces deux Tableaux font bien compofés dans le goût du *Pouffin*.

<small>Eglife du College ci-devant des Jéfuites, Rue du même nom, Paroiffe de Ste. Catherine.</small>
L'Eglise du College, deffervie ci-devant par les Jéfuites, a été reconftruite en entier depuis quelques années. Elle eft grande & claire, les Pilaftres qui foutiennent la Nef, font d'ordonnance Corinthienne, les bas-côtés font portés par des Pilaftres Ioniques, le Portail au dehors eft auffi avec des

Pilaftres affez grandement compofés. Les Bâtiments du College, conftruits aux frais de la Ville en 1605, font vaftes, & les Appartements que les Jéfuites avoient commencé d'y conftruire depuis quelques années, auroient rendu cette Maifon une des plus belles de leur Société, s'ils avoient eu le temps de les achever.

MAISONS
RELIGIEUSES DE FILLES.

ON compte dix-fept Maifons Religieufes de Filles, dont douze grillées; fçavoir, l'*Abbiette*, les *Clariffes*, les *Colettines*, les *Brigittines*, les *Annonciades*, les *Urbaniftes*, les *Carmelites*, les *Capucines*, les *Célestines*, les *Ursulines*, les *Sœurs du St. Esprit*, & les *Dominicaines*.

<small>L'Abbiette, Rue du même nom, Paroisse de St. Maurice.</small>

L'ABBIETTE, ou la petite Abbaye, est de l'Ordre de St. Dominique, fondée par Marguerite, Comtesse de Flandre en 1279.

ON voit dans cette Eglise, au dessus de la grille du Chœur des Religieuses, un Tableau en rond, représentant Notre-Seigneur qui bénit le pain sacré.

A la droite de cette grille, on voit St. Dominique, & à la gauche Ste. Rose.

PRÈS de l'Autel à droite, sont placés deux Tableaux, & trois de l'autre côté, peints par *Rossignol*.

LE

Le Tableau de l'Autel, re‑
préfente la Ste. Trinité : ce fu‑
jet eft compofé d'une grande
maniere ; les têtes font belles
& expreffives, le deffein eft
plein de fineffe & la couleur ex‑
cellente. Il eft auffi de *Roffignol*;
ce Peintre drapoit fes figures
comme le *Pouffin*.

Derriere ce Tableau eft
une Chapelle dédiée à N. D.
de Lorette, que l'Electeur de
Baviere bénit en 1708 ; l'an‑
née précédente, ce Prince
avoit dit fa prémiere Meffe
dans l'Eglife des Jéfuites, &
avoit été facré Archevêque
dans celle de St. Pierre.

On voit encore un joli Ta‑
bleau de forme ovale, par *Rof‑
fignol*, placé contre le Buffet

K

de l'orgue, dans le Chœur des Dames.

Les Ursulines, Place des Bleuets, Paroisse de la Magdeleine.

Les Ursulines tiennent des Pensionnaires, & enseignent la Jeunesse.

Le St. Esprit, près de la Magdeleine.

Les Religieuses du St. Esprit tiennent aussi des Pensionnaires.

Les Capucines, Rue des Carmes déchaussés, Paroisse de la Magdeleine.

Dans l'Eglise des Capucines, on voit quatre Tableaux, de *Van-Oost* le fils; ils représentent le Mariage de la Vierge, l'Adoration des Bergers, la Fuite en Egypte, & la Présentation au Temple.

Au Maître-Autel, le Tableau représente l'Enfant Jésus sur un globe; il semble desirer les Instruments de sa Passion que des Anges lui présentent: Dieu le Pere & le St. Esprit sont dans le Ciel; cette composition, qui est de *Van-Oost* le fils, est intéressante, les têtes sont belles & la couleur approche de celle de *Vandyck.*

AUTOUR de l'Eglise des Dominicaines, sont placés neuf grands Paysages, peints par *J. Vanderburg.* Les Dominicaines, Rue de la Barre, Paroisse de Ste. Catherine.

ON voit au Maître-Autel, Notre-Seigneur attaché à la Croix, à ses pieds est la Magdeleine, & aux deux côtés, la Vierge & St. Jean : il y a quelques Soldats qui retournent à Jérusalem. Ce Tableau est bien composé & peint par *Bergame* le pere.

DANS l'Eglise des Urbanistes, il se trouve au Maître-Autel, un Tableau représentant l'Assomption de la Vierge, peint par *Van-Oost* le fils. Les Urbanistes, Rue de leur nom, Paroisse de la Magdeleine.

K 2

Au Maître-Autel de l'Eglise des Annonciades, on voit un Tableau repréſentant l'Adoration des Rois, peint par *Bergame* le pere.

<small>Les Annonciades, Rue des Jardins, Paroiſſe de la Magdeleine.</small>

Les cinq Couvents non-grillés, ſont ceux des *Sœurs-noires*, des *Sœurs-griſes*, des *Sœurs de St. François de Sales*, des *Sœurs de la Magdeleine*, & le *Béguinage*.

Les Sœurs-noires vont garder les Malades dans la Ville ; leur Couvent reconſtruit à neuf depuis peu, eſt ſitué dans la Rue de leur nom. Le Tableau du Maître-Autel repréſente l'Adoration des Bergers, par *J. Daudenaerde*, Tableau bien peint & bien colorié.

<small>Les Sœurs-noires, Rue du même nom, Paroiſſe de St. Etienne.</small>

Les Sœurs-griſes, dans la Rue de leur nom, près le Pont

<small>Les Sœurs-griſes, Rue de leur nom, Paroiſſe de St. Pierre.</small>

de Roubaix, du côté de St. Pierre, tiennent des Pensionnaires, & vont aussi garder les Malades. On voit au Maître-Autel de leur Eglise, un Tableau représentant l'Adoration des Mages, peint par *Bergame*.

Les Sœurs de St. François de Sales, Rue des Carmes déchauffés, enseignent la Jeunesse du sexe, & ont des Appartements où elles reçoivent des Demoiselles en pension.

<small>Les Sœurs de St. François de Sales, Rue des Carmes déchauffés, Paroisse de la Magdeleine.</small>

Les Sœurs de la Magdeleine, Rue de la Barre, vont garder les Malades en Ville; elles ont des Appartements pour des Pensionnaires, & un Quartier séparé pour des Femmes ou Filles folles. Leur Maison ap-

<small>Les Sœurs de la Magdeleine, Rue de la Barre, Paroisse de Ste. Catherine.</small>

partient à la Ville, à la réserve des terreins qu'elles ont été autorisées d'y incorporer: elle est sous l'Administration des Magistrats ; leur Fondation est de 1481.

Les Béguines, Rue du Béguinage, Paroisse de St. André.

Les Béguines, fondées par Marguerite Comtesse de Flandre en 1277, sont au nombre de quatorze : leur Maison est bâtie dans la nouvelle enceinte de la Ville, Paroisse de St. André, dans la Rue de leur nom ; elles sont logées commodément, chacune dans un petit Appartement séparé ; elles ont dans leur clos une petite Chapelle pour la célébration de l'Office divin : le Roi est Collateur des Places qui viennent à vaquer.

DES HÔPITAUX.

IL y a dans la Ville deux grands Hôpitaux, l'un & l'autre defservis par des Religieufes, où les Malades font panfés, traités & foignés gratuitement; ils ont été fondés par Jeanne Comteffe de Flandre; l'un en 1216, il porte le nom de *St. Jean-Baptifte*, lès St. Sauveur, & l'autre en 1243, on le nomme *Hôpital Comteffe*.

Hôpital St. Sauveur, Rue & Paroiffe du même nom.

Hôpital Comteffe, Rue & Paroiffe de St. Pierre.

DANS l'Eglife de ce dernier, on voit au Maître-Autel, la Vierge préfentée au Temple; ce Tableau peint par *Arnould de Vuez*, eft compofé comme les Ouvrages de *le Sœur*, il eft d'une couleur vigoureuse & d'un bel effet.

Il y a contre le Jubé, en face de l'Autel, deux Tableaux du même Artiste, & cinq autres près de l'Autel, représentant la Multiplication des Pains, la Cène, la Pâque des Juifs, St. Pierre dans la Prison, & les Pélerins d'Emmaüs; ces Tableaux sont vraiment beaux, tous composés d'une belle & sçavante manière, le dessein & l'expression y sont également bien rendus.

Ces Hôpitaux sont très-bien rentés & furent d'un grand secours aux Officiers François & Anglois blessés à la Bataille de Fontenoi, le 11 Mai 1745, où notre Auguste Monarque

Louis XV. en Perſonne remporta ſur ſes ennemis la Victoire la plus complette.

INDÉPENDAMMENT de ces deux grands Hôpitaux, il y en a trois autres, deſſervis également par des Religieuſes. Celui de *St. Jean-Baptiſte*, dit *Gantois*, où l'on reçoit les Femmes décrépites. L'Hôpital de Gantois, Rue des Malades, Paroiſſe de St. Sauveur.

A l'Autel de leur Egliſe, eſt un Tableau repréſentant le Baptême du Seigneur, peint par *Van-Ooſt* le fils.

CELUI de Notre-Dame de la Charité, fondé pour les Femmes Chartrieres ; on voit à l'Autel de cette Egliſe un beau Tableau de *J. Van-Ooſt* le fils, repréſentant la Viſitation. L'Hôpital de la charité, Rue de Notre-Dame, Paroiſſe de St. Maurice.

DANs la Salle des Chartrieres, on en voit un représentant Notre-Seigneur attaché sur la Croix, très-beau Tableau, peint par *J. Van-Oost* le fils : les Religieuses de cet Hôpital enseignent aussi la Jeunesse.

<small>Les Conceptionistes, Rue & Paroisse de St. Sauveur.</small> CELUI de la Conception, fondé en 1649, pour les Femmes malades; on voit à l'Autel de cette Eglise, un Tableau représentant l'Adoration des Bergers, peint par *Van-Oost* le fils.

A la gauche, on voit Notre-Seigneur parmi les Docteurs, peint par *Wamps*.

CELUI qui est à la droite, représentant la Résurrection, est peint par *Daudenaerde*.

LES Religieuses de cette Maison vont aussi garder les Malades en Ville, & enseignent la Jeunesse chez elles.

Outre ces Hôpitaux, & ceux qui sont sous l'Administration de la Charité générale, dont il sera parlé ci-après, il y en a encore deux particuliers.

Le prémier, Rue Royale, est celui de St. Joseph, pour un certain nombre d'Hommes incurables, où l'on reçoit des Pensionnaires. *Hôpital St. Joseph, Rue Royale, Paroisse de Ste. Catherine.*

Le second, est celui de St. Jacques, près du Pont du même nom, fondé en 1225 par Roger, Châtelain de Lille, pour y loger des Pélerins, & puis converti par une Duchesse de Bourgogne, à l'usage des Femmes en couche ; le prémier est administré par deux Commissai- *Hôpital St. Jacques, Rue du même nom, Paroisse de St. Etienne.*

res du Magistrat, & le second par trois Proviseurs.

DES COLLEGES.

Trois Colleges sont établis pour l'instruction de la Jeunesse : celui de *St. Pierre*, fondé vers le milieu du seizieme siecle par le Chapitre. Celui qui étoit ci-devant desservi par les Jésuites, fondé par les Magistrats en 1572, dans la Rue des Malades, & transféré en 1605 dans celle de ce nom, où il a été ouvert en 1611 ; celui des Augustins, fondé en 1624.

<small>College de St. Pierre, Rue d'Angleterre, & Paroisse de St. Pierre.</small>

Le prémier est desservi par des Ecclésiastiques séculiers, sçavoir ; par un Principal & cinq Professeurs qui sont pensionnés du du Chapitre, & parviennent à des Chapellenies & autres Bénéfices, à proportion des services qu'ils rendent; il y a dans ce College un Pensionnat.

CELUI qu'occupoient ci-devant les Jésuites, l'est actuellement par des Prêtres séculiers, avec un Pensionnat; il est composé d'un Principal, à qui on donne 1500 livres d'appointement, un Sous-Principal, & un Professeur de Réthorique, qui ont chacun 1200 livres, & cinq Professeurs pour les cinq autres Classes, dont deux ont 1000 livres chacun par an, & les trois autres ont 900 livres. Outre cela, ils sont logés, & leur pension est payée à raison de cent écus par tête.

College de Lille, Rue des Jésuites, Paroisse de Ste. Catherine.

L

Collège des Augustins, Rue de leur nom, Paroisse de St. Maurice.

Les Hibernois, Rue de leur nom, Paroisse de St. Sauveur.

LE Collège des Augustins est desservi par les Religieux de cet Ordre.

IL y a un Collège ou Séminaire particulier, établi en 1610, par les libéralités de plusieurs particuliers, & nommément de *Jean Morel*, pour des Enfants des Provinces de *Lagénie* & *Médie* en Irlande ; l'objet de cet établissement, auquel préside un Préfet Irlandois de nation, est d'instruire ces Jeunes Gens dans la Religion, & de les mettre en état d'aller dans la suite prêcher l'Evangile dans leur Patrie. Le nombre des Boursiers est fixé par provision à douze, par Ordonnance des Magistrats, du 30 Mai 1765. La Maison n'est pas riche : les Capucins de Bar-sur-Aube sont Collateurs de ces Places.

FONDATIONS.

Parmi les établissements utiles & recommandables, on peut compter le vrai *Mont-de-Piété*, fondé en 1607, par *Bartholomé Mazurel*, & ouvert en 1610; on y prête sur chaque gage, sans aucun intérêt, jusqu'à cinquante écus. On doit renouveller son billet d'engagement tous les ans, quand on n'est pas en état de retirer le gage, sinon il est vendu par Annonces publiques, & le surplus de l'argent est restitué à celui qui a déposé le gage.

Mont-de-Piété, Rue du même nom, entre celles de la Magdeleine & des Tours, Paroisse de la Magdeleine.

Il ne faut point confondre cet établissement avec les Lombards, tels qu'il y en a dans toutes les Villes considérables, où on prête sur gage, moyennant un certain intérêt.

Le Mont-de-Piété prête gratuitement; cette Fondation, dont la bourse est toujours ouverte aux malheureux, jouit d'environ six mille florins de rente, outre un capital de cent quarante mille florins qui circulent toujours dans le public, & elle est souvent dans le cas d'emprunter elle-même pendant l'hiver, pour pouvoir faire face aux gages qui se présentent.

Il y a aussi à Lille un Lombard.

De toutes les Fondations

<small>Lombard, Rue de ce nom, Paroisse de St. Maurice.</small>

pieuses, la plus considérable est la Charité-générale, qui a sous son Administration plusieurs établissements particuliers de Charité : c'est un Bureau composé de dix-huit Administrateurs, établi par Edit du mois d'Avril 1750 ; c'est moins un établissement nouveau qu'une réunion sous une dénomination commune de diverses Administrations particulieres de Charité qui éxistoient depuis plus ou moins de temps : deux d'entre cinq Députés des Magistrats ont droit d'entrer, de présider, de recueillir les voix & de délibérer dans les Assemblées de ce Bureau.

Les établissements de Charité qui en dépendent sont.

[126]

St. Nicolas, St. Nicaise & la Trinité.

1°. LES Fondations de St. Nicolas, St. Nicaise & la Trinité ; c'étoient anciennement trois Hôpitaux, dont on ne connoît les emplacements que par les Rues auxquelles ils ont laissé leur nom ; (la Chapelle de la Trinité éxiste encore dans la Rue des Malades, où elle a été reconstruite en 1556 ;) on y recevoit & logeoit autant de bons Bourgeois déchus, qu'il s'y trouvoit de places & que les revenus pouvoient le porter ; on leur y distribuoit des portions réglées de Bled, de Beurre, de Fromage, &c. quelques recherches que l'on ait faites, l'on n'a pu en découvrir l'origine, ni les Auteurs : (*) la cadu-

──────────────

(*) Quelques Notes anciennes poscité des Bâtiments a engagé à vendre les terreins, & à convertir en Prébendes pécuniaires, qui se paient de trois mois en trois mois, les secours de logement & de subsistance qu'y recevoient ceux qui avoient les qualités requises pour y être reçus. On requiert encore à la rigueur les mêmes qualités dans ceux qui aspirent à ces Prébendes pécuniaires, qui ne peuvent être conférées que dans une Assemblée spécialement convoquée & composée de onze Administrateurs, non-compris les Députés des Magistrats.

2°. La Bourse commune des Pauvres dans son origine, n'é-

---

rent que ces Fondations ont été faites en 1291, par un Prêtre Anglois, & par J. de Varenghien, qui donna à cet effet onze bonniers de Terres.

toit qu'un établissement volontaire, formé dans les temps malheureux du commencement du quinzieme siecle, par l'association de quelques Bourgeois charitables, pour le soulagement des Pauvres que les troubles arrivés dans le Pays, ne cessoient de multiplier; quelques années après, en 1527, les Magistrats approuverent cet établissement, & l'Ordonnance qu'ils firent à ce sujet, parut si sage à Charles-Quint, qu'il en adopta presque toutes les dispositions dans son Edit ou Placard du 7 Octobre 1531, portant établissement de Bourses communes dans les Pays-bas de son obéissance. Cet établissement étoit d'abord peu considérable, & ne consistoit que dans la collecte des aumônes manuelles & des quêtes que ces Administrateurs nommés Ministres - généraux, distribuoient aux Pauvres ; mais plusieurs Fondations particulieres, les Octrois que lui ont accordé les Souverains, & la sage économie des Ministres - généraux, l'ont accru au point de pouvoir distribuer chaque année, cinquante-deux à cinquante - trois mille florins aux Pauvres de la Ville.

3°. La Maison Orpheline dite de la Grange ou des *Bleuets* subsiste depuis le quinzieme siecle ; on y reçoit autant d'Orphelins que les revenus, qui ne sont pas considérables, peuvent le comporter. La perte de trois Batailles par Charles le Hardi, Duc

Les Bleuets, actuellement Rue des Jésuites, Paroisse de St. Etienne.

de Bourgogne, la guerre qui suivit sa mort, & la peste qui mit le comble à ces calamités, donnerent lieu à cet établissement, où l'on rassembla les Orphelins que tant de malheurs avoient multipliés. On les appelle Enfants de la Grange, du nom de leur Fondateur, ou *Bleuets*, à cause de la couleur de leurs habits: leur Maison & leur Chapelle sont depuis 1752 occupées par l'Hôpital Militaire: on leur a promis que ce ne seroit que par provision, & en attendant la construction d'un Hôpital Militaire, ce qui a obligé les Administrateurs à les réunir aussi par provision avec les Enfants de la Maison des *Bapaumes*.

4°. La Maison des *Bapau-mes* : cet établissement est dû à la charité de *Guillaume de Bailleul*, dit *de Bapaumes*, qui par sa disposition du 13 Septembre 1605, ordonna qu'il seroit pris sur ses biens la somme de 39000 florins pour établir une école pour instruire la Jeunesse. Les Archiducs, par Lettres-Patentes du 25 Février 1609, sur l'avis des Magistrats, trouverent à propos d'en former une Maison d'Orphelins où seroient reçus, instruits & entretenus autant d'Enfants que les revenus pourroient le permettre ; il s'y est fait depuis quelques Fondations particulieres qui ont accru la Fondation primitive.

5°. Les Bonnes-Filles : cette

<small>Les Bapaumes, Rue des Jésuites, Paroisse de St. Etienne.</small>

<small>Les Bonnes-Filles, Rue</small>

de leur nom, Paroisse de Ste. Catherine. Maison Orpheline pour les Filles, doit son établissement aux calamités qui donnerent naissance aux *Bleuets* ; l'état déplorable d'un grand nombre de jeunes Filles exposées à toutes sortes de dangers, excita en 1477, la compassion de quelques personnes charitables qui louerent une Maison près la Paroisse de Ste. Catherine, située alors auprès des Remparts de la Ville, pour y retirer ces Filles & leur apprendre des métiers. Le nombre des Filles Orphelines qu'on y reçoit est proportionné aux revenus, les autres y sont à la charge de la Bourse commune des Pauvres.

Ecole de Stappaert, Rue des Ma- 6º. La Maison ou Ecole de *Stappaert*, autrement dite de Notre-

Notre-Dame des sept douleurs: cet établissement de Charité est la réunion de plusieurs Fondations ou Ecoles particulieres dans une Maison située Rue des Malades, donnée par le sieur *Jean Stappaert*, pour y entretenir un nombre déterminé de Filles, en éxécution de ses dispositions & de celles d'*Antoinette Bourignon*; cette derniere s'est distinguée par ses Œuvres en dix-neuf volumes qu'elle a laissés au Public. lades, Paroisse de St. Sauveur.

7°. La Maison des Vieux-Hommes doit son prémier établissement à *Marguerite du Hot*, veuve de *Jean le Mahieu*, qui donna 12000 florins à cet effet: les Magistrats approuverent cette Fondation & y contribuerent, Les Vieux-Hommes, Rue du même nom, Paroisse de St. Maurice.

M

en lui donnant un terrein dans l'agrandissement de la Porte de la Magdeleine; *Jean le Quien*, Maître Boulanger, lui légua en 1636, le résidu de ses Biens, avec lequel on établit quatorze Lits: *Charles Lespillet*, Docteur en Médecine, y fit en 1640, bâtir une Chapelle à ses frais; les Fondations successives de plusieurs Lits faites par différents Bienfaiteurs, avoient mis cette Maison en état de retirer un grand nombre de Vieillards, mais son occupation à usage d'Hôpital Militaire, depuis 1744 jusqu'à 1749, l'a beaucoup dérangée.

Les Vieillettes, Rue des Sœurs-grises, Paroisse de St. Pierre.

8°. L'HÔPITAL de Ste. Catherine de Sienne, dit des *Vieillettes* ou de *Jean Barge*, qui en fut le prémier Fondateur avec *Marguerite le Roux*, fa femme; cet établiſſement ne fut autoriſé par les Magiſtrats qu'en 1576, fur la Requête que leur préſenterent à cet effet les Miniſtres-généraux. Pluſieurs perſonnes charitables y ont fait depuis des Fondations de Lits, & l'on y reçoit préſentement juſqu'à 66 vieilles perſonnes du ſexe; il eſt ſitué près le Pont de Roubaix, vis-à-vis la Chapelle des Sœurs-griſes.

9°. LA Maiſon-forte ou de Salut : cette Maiſon doit ſon prémier établiſſement à *François Gilles*, Seigneur *de Mollenghien* & *de Wieres*, qui ordonna à ſes héritiers de remettre à cet effet aux Miniſtres-généraux la

La Maiſon-forte, derriere Saint Pierre, Paroiſſe du même nom.

somme de douze mille florins, qui furent payés par *Jean Gilles*, Seigneur de *Mollenghien* & *de Wieres*, *Hubert du Hot*, mari de *Marguerite Gilles* & *Toussaint Gilles*, Prêtre. L'autorisation des Magistrats ayant été accordée le 29 Mai 1663, les Ministres-généraux acheterent le 24 Janvier 1667, de Nicolas Dallennes, deux Maisons & deux Galeries, & firent bâtir la Maison-forte pour y retirer les femmes & les filles débauchées. Cette Fondation ne se trouvant pas suffisamment dotée, les Magistrats suppléent au défaut de ses revenus: on y reçoit à pension des femmes & filles libertines étrangeres.

Les Grifons, Rue du Dra-

10°. LA Maison des Grifons:

cet établissement de Charité doit son éxistence à *Pierre* & *Hubert Déliot*, freres, qui pour instruire dans les principes de la Religion cinquante jeunes apprentifs de différents arts & métiers, ordonnerent des distributions de pains & d'habillements ; cette Maison est située Rue du Dragon. {gon, Paroisse de St. Maurice.}

11°. LES Ecoles Dominicales : il y en a plusieurs, tant pour les filles que pour les garçons : la prémiere a été établie le 1 Mars 1584, par *Maximilien Vilain*, Comte d'*Isenghien* ; *Denis Franquet*, Prêtre, établit le 3 Octobre 1686, celle de St. Maurice, & *Jeanne Ramery*, veuve de *Bauduin Van-Hurbelleghem*, en 1688, celle {Ecoles Dominicales.}

de St. Joseph, Rue Basse.

L'Hôpital-général, près de la Porte d'eau, Paroisse de St. André.

12°. L'HÔPITAL - GÉNÉRAL : cet établissement a été fait en vertu de Lettres-Patentes du Mois de Juin 1738, pour y nourrir & entretenir les Pauvres de la Ville de toute espece & de tout âge des deux sexes, qui n'étoient point à la charge de la Bourse commune des Pauvres, & étoient à celle de la Ville : il s'y est trouvé, il y a dix à douze ans, jusques à deux mille cent Pauvres & au delà; il n'y en a plus présentement (en 1772) que mille sept cents ou environ, sans compter les Aumôniers, Directeurs, Directrices, Maîtres, Maîtresses & Domestiques nécessaires à un si grand établissement; l'enchériffement éxorbitant du bled & des autres denrées, ayant obligé les Adminiftrateurs de concert avec les Magiftrats, à en réduire le nombre à proportion de ce que les reffources de la Maifon peuvent nourrir & entretenir. Les revenus de cet établiffement font beaucoup au deffous de fon objet en total : il n'a pas plus de 30 à 31 mille florins par an en Biens-fonds, Offices de Police & Rentes; il jouit d'un Octroi fur les boiffons, qui rapporte annuellement environ 36 mille florins; la Ville lui fournit un fecours de huit cents florins par femaine, ce qui fait quarante-un mille fix cents florins par an: les ouvrages qu'on y fait fuppléent au reste : la dépenfe pour le paiement de fes Rentes & la fubfiftance de fes Pauvres eft confidérable ; & quand ces reffources & le peu d'aumônes qu'on lui fait ne fuffifent pas, on eft obligé de recourir à des emprunts qui en augmentent encore les charges: il a à la vérité l'expectative d'une augmentation de 31 à 32 mille florins de revenus de plus dans les Fondations que le Roi y a réunies en 1744 ; mais comme le terme d'extinction eft déterminé à cent ans, elles ne lui rapportent à préfent (en 1772) qu'entre trois & quatre mille florins.

IL n'y a actuellement que la moitié de fes édifices achevés, sans y comprendre l'Hôtel-Dieu qui fait partie de son Plan.

On voit dans la Chapelle un beau Tableau représentant l'Adoration des Bergers, peinte par *Vandick*. Beau Tableau de Vandick.

L'Hôpital-général est une des principales branches de l'Administration du Bureau de la Charité-générale. Les Biens de sa dotation consistent dans la jouissance des Offices de Police & de dix bonniers que lui a donné le Magistrat, & dans la réunion que le Roi a fait des biens & revenus des Hôpitaux de St. Julien & des Grimarets, précédemment réunis à l'Hôpital des Invalides, dans ceux de trois Confrairies Bourgeoises, réunis en 1743,

& ceux de l'Hôpital des *Martes*, aussi réunis par l'Edit du Mois d'Avril 1750.

L'Hôpital de St. Julien, Rue Basse, Paroisse de St. Etienne.

L'HÔPITAL de St. Julien avoit été établi par autorisation des Magistrats du 31 Octobre 1321, par *Phane Denise*, veuve de *Jean le Toillier*, qui l'avoit commencé dès le 25 Mars 1295, comme il paroît par une Bulle de Boniface VIII.

L'Hôpital Ste. Marie, ou des Grimarets, Rue Basse, Paroisse de St. Etienne, actuellement les Dominicains, qui ont donné leur nom à cette partie de la Rue.

L'HÔPITAL de Ste. Marie, ou des Grimarets, avoit été fondé par *Lotard Canart*, Chevalier, Seigneur *des Grimarets*, & *Marie de Pontreward* sa femme, en conformité de la Bulle de ratification de leur mariage, donnée par Clément VI. le 11 Novembre 1343.

L'Hôpital des Martes,

L'HÔPITAL des Martes devoit son établissement à *Jean de Torcoing* & Marie *du Bos*, sa femme, qui, suivant l'Acte par eux passé devant les Echevins, le 4. Février 1361, le fonderent pour huit pauvres femmes *honteuses & impotentes, âgées de cinquante ans, & une neuvieme en état de les servir.* Rue d'Angleterre, Paroisse de St. Pierre.

PLUSIEURS Fondations particulieres, annéxées à la Bourse commune des Pauvres, les unes en faveur des Parents, les autres pour des gens de métiers, en faveur de filles en célibat, ou à marier, &c.

UN Bureau de Nourrices établi par les Magistrats en 1764, pour y inscrire les personnes qui en cherchent, & celles qui veulent s'engager en cette qualité.

<small>La Noble-Famille, Rue de la Barre, Paroisse de Ste. Catherine.</small>

La Maison de la Noble-Famille, fondée par les soins de la Demoiselle *Seméries*, sur le modele de St. Cyr, est de la plus grande utilité : c'est une Maison grande & propre ; on y reçoit les Demoiselles nobles des Provinces de Flandre, d'Artois & de Hainaut, & on les y éleve selon leur état jusqu'à l'âge de dix-huit ans.

<small>Ecoles Publiques, derriere Saint Pierre.</small>

Il y a à Lille des Leçons publiques & gratuites d'Anatomie, de Dessein, d'Architecture & de Mathématique, où peuvent assister tous les Amateurs, & les jeunes gens qui veulent s'instruire.

Les Magistrats qui ont établi ces Leçons ne négligent rien pour le progrès des connoissances

sances utiles aux Artisans ; ils ont établi des Commissaires & un Bureau qui est spécialement chargé de veiller au bien de cet établissement ; chaque année il fait distribuer des Prix qui consistent en médailles d'argent, aux Eleves qui se sont distingués ; cette distribution se fait publiquement. Ceux qui ont mérité les Médailles jouissent de quelques avantages, lorsqu'ils veulent se faire recevoir dans un Corps d'art ou métier de la Ville : on donne les Leçons aux heures où les Ouvriers peuvent s'y rendre sans déranger leur travail.

A ce sujet il y a un Réglement fort étendu, qu'on trouve dans le recueil des principales Ordonnances des Magistrats de Lille, imprimé chez Henry en 1771, page 453.

Les Magistrats ont aussi établi des Leçons gratuites d'Anatomie, d'Accouchements & de Botanique, où sont reçus tous ceux qui se destinent à la Médecine ou à la Chirurgie; on trouve dans le recueil cité ci-dessus; (pages 447, 449 & 465,) les Réglements relatifs à cet établissement.

EDIFICES REMARQUABLES.

Les Edifices remarquables de l'intérieur de la Ville, sont l'Hôpital-général, le Magasin à Bled de la Châtellenie, & l'Hôtel de Ville.

L'Hôpital-général est un Bâtiment fort vaste, d'une Architecture moderne & assez élégante : il n'est pas encore achevé.

Hôpital général.

Le Magasin à Bled, bâti par les Etats en 1730, forme une masse considérable de Bâtiment, remarquable par son élévation.

Magasin des Etats.

L'Hôtel de Ville, est l'ancien Palais dont nous avons parlé dans l'Abrégé de l'Histoire de la Ville, bâti par Philippe le Bon en 1430. Les Magistrats l'acheterent de Philippe IV. en 1664 ; en 1700 & en 1756, il fut brûlé en grande partie : on y a substitué un Corps de Bâtiment d'une Architecture moderne, décoré d'une assez belle

L'Hôtel de Ville.

façade d'Architecture, qui donne sur la Place de Rihours. Le Conclave, qui est la Salle où les Echevins rendent la Justice, & où s'assembloient les Etats de la Province avant 1769, est majestueux : la Boiserie en est belle : on y voit un Tableau représentant Notre-Seigneur attaché sur la Croix ; ce Tableau, dans le goût de *Rubens*, a été peint par *Arnould de Vuez*.

On y voit cinq autres Tableaux *d'Arnould de Vuez*, qui sont, la Femme adultere, la mort d'Ananie, le Jugement de Salomon, la chaste Suzanne, & un très-grand Tableau en face des croisées, qui occupe toute la largeur de la Salle, & qui se termine à la voûte ; ce sujet repréfente le Jugement dernier, c'eft toujours *le Pouffin* & *le Sueur* qui ont guidé cet Artifte habile.

Les Efquiffes de ces cinq Tableaux fe confervent avec foin dans la Chapelle au Rez de chauffée. Dans l'Antichambre du Conclave, font les portraits des Comtes de Flandre, depuis Louis *de Mafle*, mort en 1384, jufques à Charles II. Roi d'Efpagne, mort le 19 Novembre 1700, & un Tableau peint par *Wamps*, repréfentant la Comteffe Jeanne qui donne aux Magiftrats de Lille le Réglement de 1235.

Le Bâtiment incendié en 1756, n'offre encore à la vue que des ruines. Avant 1664, l'Hôtel de Ville étoit où font à préfent les Halles ; il y avoit été conftruit en 1030, reconftruit en 1234, & puis en 1592, avec un Beffroi qui a fubfifté jufqu'en 1600, & qui n'a point été réédifié depuis lors. Le clocher de la Paroiffe de Saint Etienne, en tient lieu.

Salle des Spectacles, Place de Rihours, Paroiffe de St. Etienne.

La Salle des Spectacles vient d'être mife à neuf depuis le Mois d'Avril 1767. Les Décorations & les Loges font d'un affez bon goût, mais elle eft petite, fur-tout pour une Ville auffi nombreufe. Elle a été conftruite en 1700 : elle étoit avant dans l'Hôtel de Ville dont elle a occafionné l'Incendie. Il y a ordinairement de bons Acteurs, & le Spectacle quatre fois la semaine, le Mardi, le Jeudi, le Vendredi, & le Dimanche.

ADMINISTRATION DE LA VILLE.

LE Corps municipal a été réglé comme il éxiste aujourd'hui par Lettres-Patentes de Jeanne Comtesse de Flandre, du mois de Mai 1235. Le feu Roi Louis XIV. d'immortelle mémoire, voulut bien en assurer la conservation, par sa réponse à l'article 22 & suivants de la Capitulation du 27 Août 1667, enrégistrée au Conseil souverain de Tournai, le 2 Mai 1669.

Ce Corps municipal est composé de trente-trois Officiers

électifs, dont vingt-cinq se renouvellent chaque année le jour de la Toussaint, par quatre Commissaires nommés par le Roi, qui sont le Gouverneur, l'Intendant & deux Gentilshommes de la Province, & les huit autres le jour des Trépassés, par les Curés des quatre anciennes Paroisses de la Ville, qui sont celles de St. Pierre, St. Etienne, St. Maurice & St. Sauveur. Il consiste en un Rewart & douze Echevins, dont le prémier est nommé Mayeur, & le second Cottereau, douze Conseillers, dont quatre sont Voirs-Jurés & huit Preud'hommes; outre ces trente-trois Officiers électifs, il y a trois Conseillers-pensionnaires, deux

Greffiers, dont un eſt pour les affaires civiles, & l'autre pour les affaires criminelles, & un Procureur-Syndic.

Ces ſix Officiers ſont permanents, ainſi que les trois Tréſoriers ou Argentiers dont un alternativement eſt convoqué aux aſſemblées des Magiſtrats.

Tous ces Officiers, tant électifs que permanents, au nombre de quarante perſonnes, compoſent le Corps de la Ville, qu'on appelle *la Loi*. On y régle & on y ſtatue généralement ſur tout ce qui concerne la Police, les Manufactures, les Arts & Métiers, les Finances, & toutes les parties de l'Adminiſtration de la Ville. Toutes les Ordonnances qui s'y rendent font intitulées au nom des Rewart, Mayeur, Echevins, Conseil & Huit-Hommes, & finissent par ces mots: *Fait en Conclave, la Loi assemblée*; & elles s'exécutent de la pleine & seule autorité des Magistrats. Les Mayeur & Echevins seuls avec les Conseillers-pensionnaires, le Procureur-Syndic & les Greffiers exercent au nom du Roi toute Jurisdiction dans la Ville & sa Banlieue, sous le ressort immédiat du Conseil supérieur de Douai; ce Tribunal est aussi ancien que la Ville; on trouve des Lettres de 1033, adressées de la part du Souverain aux Echevins de Lille; leurs Sentences ont le privilege d'être éxécutoires nonobſtant appel.

La Ville de Lille eſt diviſée en vingt Quartiers, & chaque Quartier a un Commiſſaire particulier choiſi dans le Corps municipal pour remplir diverſes fonctions qui ont rapport à la Police; chaque Commiſſaire a un Adjoint. La Ville diviſée en 20 Quartiers.

Il y a auſſi un Prévôt, mais il ne fait point partie du Corps de la Magiſtrature, ſes fonctions s'étendent ſur les matieres criminelles, & la police. Prévôt de la Ville.

Une des Prérogatives les plus précieuſes de la Ville de Lille, eſt qu'à chaque nouvel avénement d'un Souverain, les Magiſtrats prêtent ſerment de fidélité au Roi, & que le Souverain prête par lui-même à ſa prémiere entrée dans la Ville, ou par des Seigneurs les plus qualifiés de la Cour qu'il lui plaît de nommer en son absence, le serment d'observer les Droits, Styles, Usages, anciens Privileges de la Ville, & que les Bourgeois manants & habitants ne seront *traitables ni actionnables que par la Loi & Echevinage*. Le Magistrat conserve dans ses Archives les Actes solemnels de prestations de ces sermens réciproques depuis cinq cents ans.

Des Jurisdictions subalternes, qui ressortissent à l'Echevinage.

IL y a dans la Ville de Lille quelques Jurisdictions subalternes qui ressortissent par Appel au Siege Echevinal. Ces Jurisdictions sont :

1°. CELLE des Gardes-Orphelins

phelins ou de la Garde - Orpheline, établie pour veiller aux Droits des Pupilles.

2°. Celle des Appaiseurs, qui connoissent en prémiere instance des injures verbales.

3°. Celle des Sieges de la Saïetterie, Bourgeterie, Draperie, Teinture, &c. où se jugent en prémiere instance les contraventions aux Réglements concernant les Manufactures & les contestations entre les Maîtres & leurs Ouvriers.

4°. Celle du College de Médecine & du Siege des Apothicaires, érigée pour décider tous les cas rélatifs à la Médecine, ainsi que pour veiller à la qualité des Drogues qui se vendent & se distribuent dans la Ville.

O

Promenades publiques.

L'ESPLANADE est la seule Promenade publique qu'il y ait dans la Ville, si on excepte les Remparts qui, dans la plus grande partie, ne présentent rien d'agréable.

L'ESPLANADE comprend trois Allées bordées de Tilleuls, une pour les Carrosses & deux pour les personnes qui se promenent de pied; on en a ajouté depuis quelques années une quatriéme en Boulingrin contre le Canal.

CETTE Promenade, qui est fort belle, est fréquentée vers le soir & après souper; à son entrée est un Café nommé Redouté, à l'autre extrêmité est un Manege pour l'Equitation; deux Corps de Gardes en garantiſſent la ſûreté même pendant la nuit.

Les autres Promenades ſont hors de la Ville; on en parlera ci-après. On compte à Lille environ quatre-vingts Fiacres au ſervice du Public, outre pluſieurs Carroſſes de remiſes.

DE LA CHATELLENIE
DE LILLE.

LA Châtellenie renferme une étendue de terrein de neuf à dix lieues de diamètre; elle eſt adminiſtrée par les Baillis des quatre Seigneurs Hauts-Juſticiers, dont les mouvances, à cauſe de leurs Baronnies de Phalempin, Cyſoing, Wavrin & Comines, en comprennent la plus faine partie ; elle forme un des quatre Membres des Etats de la Province, les Villes de Lille, Douai & Orchies forment les trois autres.

La Châtellenie de Lille contient environ cent foixante mille Habitants : fon Commerce eſt évalué à treize millions fix cents mille livres de France : on y cultive du Bled, de l'Avoine, du Colzat, du Lin, de la Garance, &c. elle renferme plufieurs Bourgs confidérables, tels que Roubaix, Tourcoing, Haubourdin, &c. & même quelques petites Villes, telles qu'Armentieres, Comines, Lannoï, &c. elle ne produit cependant en Bled que pour la nourriture du Pays pendant quatre mois, l'Artois & le Cambresis fournissent le reste.

JURISDICTIONS DE LA CHATELLENIE.

QUOIQUE les Echevins soient les seuls Juges ordinaires dans la Ville de Lille, il y a cependant dans les murs de cette Ville, plusieurs Jurisdictions qui y tiennent leurs Séances, sçavoir:

1º. La Gouvernance (*) dont la Jurisdiction s'étend sur toute la Châtellenie; ce Siege est composé du Gouverneur qui en est le Chef, d'un Lieutenant-général, d'un Lieutenant-particulier, de sept Conseillers, d'un Avocat du Roi, d'un Pro-

La Gouvernance.

⎯⎯⎯⎯⎯⎯⎯⎯⎯⎯⎯⎯⎯⎯
(*) Voyez ci-devant, page 14.

cureur du Roi, d'un Greffier & d'un Receveur des Epices, dont les Offices ont tous été créés en Titres formés & héréditaires, par Edit du mois de Mars 1693.

Le Bailliage. 2°. Le Siege du Bailliage, qui connoît dans le plat-Pays des actions réelles par plainte à la Loi, & saisies, des actions personnelles, réelles & mixtes, des chemins & des affaires criminelles, concurremment avec le Siege de la Gouvernance. Ce Siege est composé d'un Bailli, d'un Lieutenant, de sept Conseillers, d'un Greffier, d'un Dépositaire & d'un Receveur des Epices, dont les Offices ont été créés héréditaires par le même Edit.

Le Bureau des Finances. 3°. Le Bureau des Finances,

créé par l'Edit du mois de Novembre 1691, & dont les Fonctions consistent principalement à veiller à la conservation des Domaines du Roi, à recevoir les foi & hommages, aveux & dénombrements des Fiefs relevants de Sa Majesté, & à remplir d'autres devoirs à l'imitation des autres Chambres de Finances établies dans le Royaume.

Ce Corps est composé de deux Conseillers, prémier & second Présidents, d'un Chevalier d'honneur, de treize Tréforiers de France & Généraux des Finances, compris un Tréforier-général des Finances, Garde-Scel, d'un Conseiller & Procureur du Roi, d'un Conseiller substitut, d'un Greffier prémier & d'un second, d'un Receveur-payeur des gages, d'un Receveur des Epices, & d'un Contrôleur des Epices.

<small>Chambre des comptes.</small> 4°. La Chambre des Comptes (*) instituée par Philippe le Hardi, Duc de Bourgogne, en 1385, subsista jusqu'en 1667. Le Roi s'étant rendu maître de la Ville de Lille, ne jugea pas à propos d'en remplacer les Officiers qui suivirent alors le parti de l'Espagne ; mais Sa Majesté y créa une Charge de Garde des Archives, qui sont considérables, contenant plus de cinquante mille Registres, une infinité d'autres Papiers, ainsi que les Chartres du Pays.

<small>Eaux & Forêts.</small> 5°. La Maîtrise des Eaux & Forêts de Phalempin tient aussi

─────────
(*) Voyez ci-devant, page 16.

son Siege dans Lille : ce Siege créé par Edit du mois d'Août 1693, est composé d'un Grand-Maître, d'un Maître-particulier, d'un Lieutenant, d'un Procureur du Roi, d'un Garde-Marteau & d'un Greffier.

6°. IL y a aussi à Lille, un Hôtel des Monnoies, érigé en 1685, & dont la Jurisdiction est composée d'un Général-Provincial, de quatre Conseillers, d'un Avocat du Roi, d'un Procureur du Roi & d'un Greffier. La Lettre W. est la marque distinctive des especes qu'on y fabrique. Ce Tribunal connoît de l'enrégistrement des Edits, Déclarations & Réglements sur le fait des Monnoies, & de leur éxécution. Hôtel & Cour des Monnoies.

Chambre de Commerce. 7º. UNE Chambre de Commerce établie par Arrêt du Conseil du 31 Juillet 1714, pour veiller à l'utilité & à l'avantage du Commerce; elle est composée d'un Directeur & de quatre Syndics avec un Secretaire.

Jurisdiction Consulaire. 8º. UNE Jurisdiction Consulaire érigée par Edit du mois de Février 1715. Cette Justice est composée d'un Juge & de quatre Consuls, ainsi que de six Conseillers choisis parmi les jeunes Commerçants, & d'un Greffier.

Bon Tableau de Wamps. ON voit dans la Salle de la Chambre Consulaire, un Tableau qui occupe sa largeur, placé au dessus de l'entrée, représentant le Jugement de Salomon, bon Tableau peint par

Wamps, qui peut être regardé comme son meilleur Ouvrage. Il y a encore un autre Tableau peint par le même, représentant la chaste Suzanne.

Les Maréchaux de France ont à Lille un Tribunal, qui a la connoissance des cas prévôtaux. Ce Corps est composé d'un Prévôt, de plusieurs Lieutenants, Exempts, Brigadiers, & Cavaliers : il a son Trésorier particulier ; ses Officiers de Justice sont, un Assesseur, un Procureur du Roi & un Greffier. Les Procès sont jugés par MM. les Conseillers de la Gouvernance. La Maréchaussée.

Par Arrêt des 28 Décembre 1717, & 12 Juillet 1728, Sa Majesté a aussi établi à Lille Chambre Syndicale.

une Chambre Syndicale pour la Librairie & Imprimerie, composée d'un Syndic & de deux Adjoints subordonnés aux Echevins, qui en ont l'inspection. Tous les Livres venant des Pays étrangers, doivent être conduits à cette Chambre pour y être visités & examinés.

GRANDS-HOMMES.

<small>Grands-Hommes.</small>

LILLE a produit de Grands-Hommes en divers genres; en voici quelques-uns que l'on verra ici avec plaisir.

ALAIN de Lille, (*Alanus de Insulis*,) sçavant Théologien de l'Université de Paris, appellé *le Docteur universel*, mort à la fin du XIIIe. siecle. Ses Ouvrages en Prose & en Vers

vers ont été imprimés en 1653, in-fol.

AVILA, (*Balthasar d'*) né à Lille en 1591, fut d'abord Chanoine de St. Pierre, puis entra dans l'Ordre des Minimes, dont il fut nommé Général en 1649; on a de lui le *Manipulus Minimorum* imprimé à Lille, puis à Genes & en France, mort à Lille en 1668.

BAUDIER, (*Dominique*) né à Lille en 1561, Historiographe des Etats d'Hollande, connu sur-tout par ses Lettres & par ses Poésies, dont on a plusieurs belles Editions, mort en 1613.

BOUCK, (*Le*) Avocat, Conseiller-pensionnaire de la Ville, en 1644, Auteur d'un Commentaire, sur le titre des Successions de la Coutume de Lille, imprimé à Douai en 1626.

BRIDOUL, (*Toussaint*) né à Lille en 1595, Jésuite : on a de lui la vie de *François Cajetan*, Jésuite, & plusieurs autres Ouvrages de piété, imprimés à Lille, mort en 1672.

CHOQUET, (*François Hyacinthe*) Dominicain, né à Lille vers l'an 1580 ; le grand nombre d'Ecrits qu'il a publiés prouvent qu'il étoit fort laborieux & fort crédule, mort en 1645.

CUVILLON, (*Jean*) Jésuite, d'une famille noble & ancienne de Lille où il naquit vers l'an 1520. *Albert*, Duc de Baviere l'envoya au Concile de Trente en qualité de son Orateur & de son Théologien. On a de lui des Ouvrages de Théologie imprimés à Rome, mort en 1581.

Farvaqués, (*François*) Auguſtin, né à Lille en 1622, enſeigna la Théologie à Louvain, & y publia divers Ouvrages, dans leſquels il s'efforce d'établir l'inſuffiſance de l'attrition, mort à Louvain en 1689.

Gauthier de Chatillon, natif de Lille, célebre par ſon Poëme intitulé l'*Aléxandriade*, vivoit dans le douzieme ſiecle.

Ghewiet, (*George de*) Avocat, Auteur des Inſtitutions du Droit Belgique, imprimées à Lille en 1736.

Giélée, (*Jacques-Mars*) étoit de Lille, & ſe fit connoître vers la fin du XIIIe. ſiecle par son habileté dans la Poésie françoise ; son Roman du *nouveau Regnard* peut le faire regarder comme le *Dom Cervantès* de son siecle.

HANETON, (*Guillaume*) sçavant Jurisconsulte, né à Lille en 1506 : on a de lui, 1°. *de Jure Feudorum lib. IV. Col. Agrip.* 1564, 8°. 2°. *Tractatus de ordine & forma judiciorum*, imprimé à Douai en 1570, mort en 1586.

HANGOUART, (*Vallerand de*) Aumônier de l'Empereur Charles V. Théologien habile : on distingue encore parmi les Jurisconsultes, Guillaume de Hangouart, Conseiller-pensionnaire de la Ville, en 1522 ; Roger de Hangouart aussi Conseiller-pensionnaire de la Ville, en 1529; & Jean Rufaut. Ces trois Jurisconsultes étoient fort estimés de Charles-Quint.

HAUTIN, (*Jacques*,) Jésuite, né à Lille en 1599, a publié une Réthorique imprimée à Douai une vie du P. Vincent Caraffe, & plusieurs autres Ouvrages de piété en latin, mort en 1671.

JARDIN, (*Jacques du*) Jésuite, né à Lille en 1585 : on a recueilli & publié après sa mort, *Jacobi Jardini Insulensis è S. J. Elegiarum sacrarum lib. III. de Arte Forensi lib. II. opus posthumum.* Ant. 1636, 12o. *Item Duaci* 1636. 12o. mort à Liege en 1683.

LOBEL, (*Mathias de*) né à Lille, a donné une Histoire des

Plantes en latin, imprimée à Anvers chez Plantin & à Londres, in-fol. fig.

MICLOT, (*Jean*) Chanoine de St. Pierre, vivoit vers la fin du XVe. siecle. Il fit par ordre du Duc Philippe le Bon, *une Traduction françoise des Actes de S. Adrien.*

MOLAN, (*Jean*) sçavant Docteur & Professeur de Théologie à Louvain, natif de Lille, mort en 1585, après avoir publié *des Notes sur le Martyrologe d'Uzuard*, in-8°. *Militia sacra Ducum ac Principum Brabantiæ*, in-8°. & d'autres ouvrages estimés.

MONNIER, (*Pierre le*) naquit près de Lille en 1552. On a de lui *des Mémoires & Observations remarquables d'Epitaphes, Tombeaux, Coloſſes, Obéliſques, Hiſtoires, &c.* Lille, 1614, ouvrage curieux.

MORTIER, (*Jérôme du*) né à Lille vers l'an 1520, connu par ſes Poéſies latines, imprimées à Arras en 1620, 8º. il mourut de la peſte à Lille vers 1580.

NOCKART, (*Jean*) Dominicain, natif de Lille, a donné au Public des Commentaires ſur Cajetan, imprimés à Paris 1514, 8º. mort en 1540.

OUDEGHERST, (*Pierre d'*) Avocat, né à Lille, ſe fit de la réputation dans le XVIe. ſiecle par ſon habileté dans l'Hiſtoire, dans la Juriſprudence, & dans le maniement des affaires; ſon Livre des *Chroniques & Anna-*

les de Flandre, eſt écrit avec ordre & ſur de bons Mémoires.

PETIPAS, (*Hipolite*) Seigneur de Gamant, né à Lille d'une famille noble & ancienne, ſe diſtingua vers l'an 1560, par ſon talent pour la Poéſie latine. Ses pieces en ce genre ſe trouvoient en 1624 entre les mains de ſon petit-fils *Hipolite Petipas*, ſçavant Juriſconſulte, que la Ville de *Lille* regardoit comme ſon Papinien.

RIMBERT enſeignoit la Dialectique vers l'an 1088.

ROY, (*François le*) Jéſuite, né à Lille en 1592. On a de lui pluſieurs ouvrages de piété & de Théologie, imprimés à Lille & à Liege, mort en 1680.

ROY, (*Alard le*) né à Lille,

Jéfuite, Auteur des Vies de S. Lambert Martyr & de S. François de Borgia, & de plufieurs Livres de piété, mort en 1653.

SILVIUS, (*Jean*) ou *Dubois*, célebre Médecin, né à Lille au commencement du XVI. fiecle : on a de lui divers ouvrages de Médecine, imprimés à Anvers en 1564.

VINCART, (*Jean*) Jéfuite, né à Lille en 1593, connu par fon Hiftoire latine de Notre-Dame de la Treille, & principalement par fes Poéfies latines, mort en 1679.

WALLE, (*Théodore Van de*) ou *Theodorus Wallæus*, Auguftin, né à Lille vers la fin du XVIe. fiecle, mort à Louvain dans un âge peu avancé, après avoir publié une Tragédie & plusieurs Oraisons latines, imprimées à Louvain en 1631.

DOUANE, COUTUMES,
Commerce, Fabriques, &c.

Douane. IL y a à Lille une Douane avec des Directeurs, des Receveurs & des Receveurs-généraux des Domaines des Finances.

Coutume de la Ville de Lille. LA Ville de Lille avec sa Banlieue a une Coutume particuliere, confirmée & approuvée par Lettres-Patentes de Charles-Quint du 13 Janvier 1533. Les cas & matieres qui ne sont pas réglés par la Coutume, sont jugés conformément au Droit écrit. (*)

_____
(*) Voyez page 20.

Les Lillois sont fort attachés à la Religion Catholique & très-fideles à leur Souverain. L'industrie est portée à Lille à un très-haut point : c'est à cette industrie que cette Ville est redevable des grandes richesses dont elle jouit ; les Négociants actuels entierement adonnés à leur Commerce, sont comme leurs ancêtres, prudents dans la conduite des affaires, & fideles à leurs engagements. Le Commerce de la Ville de Lille monte annuellement à dix millions & demi de livres de France ou environ ; on y compte 56 Corps & Communautés d'arts & métiers, outre plusieurs professions qui ne sont point en Jurande.

Commerce & caracteres des habitants de Lille.

Foires qui se tiennent à Lille.

IL se tient à Lille quatre Foires franches; la prémiere pour toutes sortes de Marchandises, commence le 30 Août, & dure huit jours. Les trois autres ne sont que pour les Chevaux & autres Bestiaux, & elles ne durent chacune que trois jours; la prémiere commence le second Lundi de Carême, la seconde le Lundi après la Fête-Dieu, & la troisieme, le 14 Décembre. Outre ces Foires, il y a le Mercredi & le Samedi de chaque semaine des Marchés publics. On compte ordinairement sur cent mille hommes à nourrir chaque jour, en comprenant les Hôpitaux, les Maisons Religieuses, la Garnison & les Etrangers.

Des Manufactures.

LES Manufactures établies à Lille

Lille sont considérables & en grand nombre ; on y fabrique des Draps, des Pinchinats, des Serges & Ratines, des Etamines & autres pareilles Etoffes, des Couvertures de Lit, des Callemandres larges, étroites, unies, rayées & à fleurs de toutes couleurs, des Camelots larges, étroits, unis, rayés, ondés, gauffrés, de toute espece, &c. On trouve dans la Ville des Magasins considérables de Toiles de ménage de toutes qualités, des Toiles unies, ouvrées de tout dessein & de toutes couleurs, pour faire des habillements, des meubles & des garnitures de Lit ; des Coutils damassés, à fleurs & unis ; du Linge de Table de toutes sortes,

Q

des Dentelles à l'imitation de celles de Malines & de Valenciennes ; il y a auſſi une Manufacture Royale de Toile-peinte, une Verrerie à Glaces & Bouteilles, pluſieurs Fabriques de Faïance & de Poterie, &c. on y teint en toutes couleurs. La Ville de Lille commerce non-ſeulement avec la France, la Hollande, les Pays-Bas, l'Allemagne, mais encore avec l'Eſpagne, le Portugal, l'Angleterre, l'Irlande, l'Italie, la Savoie, &c. L'exportation des Marchandiſes ſe fait par les Ports de Dunkerque, Oſtende & Calais. Lille change avec Paris, Londres, Amſterdam & Anvers, & avec les autres Places par la voie des trois prémieres ou directement ; les ufances y font comptées par les mois tels qu'ils font ; les Lettres ou Billets y ont fix jours de faveur, même celles qui font à vu, à moins qu'il n'y foit fpécifié à vu préfix.

LES Monnoies réelles font les mêmes que par toute la France: celles de Change font le florin & la livre de gros : le florin vaut 25 fols de France ou vingt patars de Lille, le patar 5 liards ou 12 deniers : la livre de gros fe divife en 20 efcalins, & l'efcalin en 12 gros ; elle eft évaluée 7 liv. 10 fols de France. L'écu de 3 liv. de France vaut 48 patars de Lille.   *Monnoies réelles & de Change.*

POIDS: 114 $\frac{2}{7}$ livres de Lille, n'en font que 100 de Paris ; la   *Poids & Mefures.*

livre de Lille n'étant que de 14 onces poids de marc, & celle de Paris de 16 onces.

AUNAGE: 100 aunes de Paris font 169 $\frac{3}{13}$ aunes de Lille. L'aune de Lille est de 26 pouces de Roi, & celle de Paris de 44 pouces.

MESURE de Grains: 38 razieres de 120 livres, font 19 septiers de Paris.

Des Messageries. POUR la facilité du Commerce, il y a à Lille des Messageries & Voitures publiques, établies pour toutes les Villes voisines & autres avec lesquelles elle a le plus de rélation.

Pour Paris. CES Villes sont Paris, pour laquelle il part une Diligence de chez le sieur Laniez, Rue de Ban-de-wedde, tous les deux jours à quatre heures du matin, depuis le prémier Avril jufqu'au prémier Octobre, qui arrive à Paris le lendemain au foir : les fix autres mois elle part à fix heures du matin & arrive le troifieme jour, moyennant 55 livres de France, nourri, & 48 livres fans être nourri; elle paffe par Douai, Cambrai, Péronne, Roie, Gournay, Pont & Senlis.

BRUXELLES : cette Voiture part de chez le fieur Coufin, fur la petite Place, depuis le prémier Mars jufqu'au 30 Novembre, à fix heures du matin, & fe rend à Bruxelles en un jour & demi ; le refte de l'hiver, elle part à fept heures : on paffe par Menin, Courtrai, Gand & Aloft. *Pour Bruxelles.*

TOURNAI : tous les jours à *Pour Tournai.*

neuf heures du matin, il part une Voiture de chez le sieur de Carne, Rue de l'Abbiette.

Pour Dunkerque. DUNKERQUE: il part tous les deux jours une Diligence de chez le sieur Cousin, sur la petite Place, à cinq heures du matin; elle passe par Armentières, Bailleul, Cassel & Berg-Saint-Vinox.

Pour Ypres. YPRES: une Voiture part de chez ledit sieur Cousin, sur la petite Place, tous les jours à neuf heures & demie; elle passe par Warnêton.

Pour Valenciennes. VALENCIENNES: il part une Diligence de l'Auberge de l'Ecu d'Artois, Rue du Molinel, les Mardi, Jeudi & Samedi à six heures du matin, jusqu'à la fin d'Octobre, & depuis ce temps jusqu'au mois de Mars, à la Porte ouvrante; elle passe par Orchies & St. Amand.

SAINT-OMER : cette Voiture ne part que trois jours chaque Semaine, sçavoir, les Lundi, Mercredi & Vendredi à cinq heures du matin, de chez le sieur Cousin, sur la petite Place ; elle passe par la Bassée, Béthune, Lillers & Aire. Pour Saint-Omer.

CAMBRAI : la Diligence part à six heures du matin de l'Auberge du Romarin, Rue St. Genois, & arrive à Douai à midi, & part pour Cambrai à une heure. A la fin d'Octobre jusqu'à la mi-Mars, elle part à neuf heures de Lille, & arrive à Douai à trois heures & demie. Pour Cambrai & Douai.

IL part aussi tous les jours,

été & hiver, du Fauxbourg de la Barre, une Barque pour Douai ; le Bureau pour les Marchandises eſt dans la Rue des Bouchers.

Pour Armentieres. ARMENTIERES : il part deux Voitures tous les jours de chez le ſieur Paquet, Rue Eſquermoiſe, à huit heures du matin, été & hiver, & à cinq heures du ſoir, depuis le prémier Mars juſqu'à la St. Remi, & depuis la St. Remi juſqu'au prémier Mars, à quatre heures.

Pour Tourcoing & Comines. TOURCOING & Comines : on trouve tous les jours à l'Auberge du Chevalier-verd, Rue de la Clef, des Voitures pour ces deux endroits, qui partent vers le ſoir, hiver & été.

Pour Wervick. WERVICK : on trouve les

Mercredi & Samedi à l'Auberge de la Payelle, Place St. Martin, une Chaise pour cet endroit.

La Poste Royale aux Chevaux est sur la Place du Lion d'or, à l'Auberge du même nom. <small>Poste aux Chevaux.</small>

NOUVEAU DEPART
Des Postes aux Lettres.

IL part tous les jours, le matin à la Porte ouvrante, du Bureau-général, Rue St. Pierre, vis-à-vis la Porte du Cloître, des Couriers pour les Villes suivantes, sçavoir : <small>Départ des Postes aux Lettres.</small>

WARNÊTON, Ypres, Poperingue, Dixmude, Cambrai, Saint-Quentin, Maubeuge, Avesnes, & généralement tout le Hainaut.

Tous les jours, à huit heures du matin, pour Tournai.

A douze heures précises, tous les jours, pour Menin, Courtrai, Oudenarde, Gand, Bruges, Oſtende, Anvers, Bruxelles, Namur, Luxembourg, Liege, Maëſtricht, Cologne, & généralement toute la Baſſe-Allemagne.

Le Pays du Nord & la Hollande, les Mercredi & Dimanche ſeulement à la même heure.

Tous les jours, à deux heures après-midi, Lens, Douai, Arras, Bapaume, Péronne, Dourlens, Amiens, Abbeville, Beauvais, Paris, Béthune, Aire, St. Venant, St. Omer, & généralement toute la France avec ſes dépendances, l'Italie, la Suiſſe & la Haute-Allemagne.

Hesdin & St. Pol, les Dimanche, Mardi & Jeudi.

Le Vendredi de chaque semaine, à la même heure, pour l'Espagne.

Tous les jours, à quatre heures après-midi, Armentieres, Bailleul, Berg-Saint-Vinox, Nieuport, Dunkerque, Boulogne, Montreuil, Calais & l'Angleterre.

ARRIVE'E GENERALE
DES POSTES.

Le matin, de la France, sçavoir : de Lens, de Douai, Arras, Bapaume, Péronne, Dourlens, Amiens, Abbeville, Beauvais, Paris, Béthune, Aire, St. Venant, St. Omer.

Arrivée des Postes aux Lettres.

Hesdin & St. Pol, les Mardi, Vendredi & Dimanche seulement.

L'après-midi, d'Armentieres, de Bailleul, de Berg-Saint-Vinox, Nieuport, Dunkerque, Calais, d'Angleterre, Boulogne, Montreuil, de la Flandre, du Brabant, du Hainaut, de Tournai, Luxembourg, Liege, Maëſtricht, Cologne, & généralement de la Haute & Baſſe-Allemagne, d'Italie, de la Suiſſe & de tous les Pays du Nord.

De la Hollande, les Mercredi & Samedi ſeulement, à la même heure.

De la Haye, de Leyde, les Jeudi & Dimanche à la même heure.

DES

DES ENVIRONS DE LILLE.

Les environs de Lille sont remarquables par la bonté du sol, la maniere dont il est cultivé, & la fertilité du terrein ; il est peu de Pays qui puissent leur être comparés : on y cultive du Colsat, du Lin, des Légumes de toute espece, des Prairies artificielles pour la nourriture des Bestiaux, & de toutes sortes de Grains. Les Terres, moyennant le travail du Paysan, la qualité & l'espece d'engrais qu'on y emploie, rapportent deux & trois fois l'année : presque tous les Champs sont entourés de Fossés plantés

Les environs de Lille.

d'Arbres qui y croissent très-bien.

Le Colsat qu'on cultive en grande quantité, sur-tout aux environs de la Ville, est une espece de Chou dont la graine sert à faire de l'Huile: *Brassica arvensis C. Bauhini Linè. Brassica rubra minor. J. Bauhini Colsa.* C'est pour l'extraire qu'on voit en arrivant à Lille, du côté de la Porte des Malades, une si grande quantité de Moulins à vent; on en compte jusqu'à 100. Cette Huile qui sert dans la préparation des Laines & pour les Manufactures de Savon, fait une branche de Commerce considérable.

De la mesure des Ter- La mesure des Terres connue dans la Châtellenie, est le

Bonnier : il contient seize cents Verges quarrées, & la Verge 10 pieds quarrés de Lille, dont chaque pied est de 11 pouces, ou neuf pieds deux pouces, mesure du Châtelet de Paris. res dans la Châtellenie.

Le Bonnier se divise en demi & quart, il contient 3748 Toises quarrées, ce qui revient à 4 Arpents 134 Toises quarrées, mesure de Paris, dont chaque est de 900 Toises quarrées, à 100 perches l'Arpent, & la Perche de 18 pieds de Roi. Le Bonnier, aux environs de la Ville, se loue jusqu'à 120 livres, & se vend entre quatre à cinq mille livres & plus.

Les Fauxbourgs les plus considérables, sont ceux des Malades, de Notre-Dame, de la Les Fauxbourgs.

Barre & de Fives : celui de la Porte Notre-Dame est le plus fréquenté ; il est presque tout rempli de Guinguettes, où les Artisans de la Ville vont se divertir les Fêtes & Dimanches : on doit y remarquer la nouvelle & la vieille-Aventure.

De la Nouvelle-Aventure.

LA Nouvelle-Aventure est un Bâtiment fort singulier par sa construction : il y a une Salle avec des Loges & un Théâtre où l'on peut jouer la Comédie.

EN été, ou toutes les fois que la saison y invite, le Peuple s'y rassemble pour danser ; un étranger ne doit pas manquer d'y aller pour en connoître les différentes particularités. C'est dans ces Assemblées bachiques que Teniers a pris le sujet de la plupart de ses Fêtes Flamandes, quoique celles-ci soient un peu plus relevées, n'étant composées que des Habitants de la Ville. Outre ces Guinguettes qui attirent de ce côté une grande quantité de monde, c'est aussi ce Fauxbourg qui communique à toutes les petites Maisons de Plaisance qui sont dans les Villages d'Esquermes (*) & de Wazemmes, entre cette Porte & celle de la Barre. C'est un spectacle des plus agréables, que de se trouver en été à l'entrée de la Ville par cette Porte, une heure avant qu'on la ferme, pour y voir l'affluence de monde

---

(*) Ce ne fut qu'en 1699 qu'on a commencé à faire des Jardins à Esquermes & Wazemmes, où il y en a à présent un si grand nombre.

qui revient, les uns de se divertir dans les Guinguettes, les autres chargés de fleurs & de fruits qu'ils rapportent de leurs petits Jardins : c'est où l'on peut prendre une idée de la grande population de la Ville. Les autres Fauxbourgs n'ont rien de remarquable : la Digue qui se trouve entre la Porte de Notre-Dame & celle de la Barre, & en général, tous les environs de la Ville préfentent des Promenades assez agréables.

ABBAYES,
Des environs de la Ville.

Abbaye de Marquette.

A UNE demi-lieue de la Ville, en sortant par la Porte de St. André, est l'Abbaye de Marquette.

Cette Abbaye, qui est de l'Ordre de Cisteaux, a été fondée par Jeanne de Constantinople, Comtesse de Flandre; l'établissement qu'elle en avoit commencé dès 1226, fut interrompu par le faux Bauduin, qui se disoit son pere; elle ne le termina qu'en 1239 : son prémier Plan fut tracé sur le grand Chemin de Lille à Courtrai ; mais le grand bruit engagea les Dames & la Fondatrice à chercher un endroit plus solitaire, & elles s'établirent où elles sont aujourd'hui, dans un terrein que leur céderent les Moines de l'Abbaye de Los sur la Basse-Deûle. La Comtesse Jeanne s'y retiroit souvent pour s'y recueillir & s'y édifier; enfin, en 1240, elle abandonna le Gouvernement de ses Etats à Thomas de Savoie son second mari, & en obtint la permission d'y prendre le Voile : elle y mourut en l'an 1244 ; & fut enterrée dans le Chœur, à côté du Corps de Ferrand de Portugal son prémier mari, ses entrailles étant restées à Noyon, où il mourut ; on lui érigea un Tombeau autour duquel étoit écrit :

Ferdinandi proavos Hispania,
Flandria Corpus,
Cor cum visceribus continet iste locus.

CETTE Epitaphe se trouvant fausse, puisque le cœur & les entrailles de Ferrand n'y avoient jamais été, on la fit remplacer en l'an 1693, par celle qui suit :

Ferdinandi proavos Lusitania,
  Gallia servat
    Viscera, quod superest, iste
      locus.
Ethra pios servet carâ cum
    Conjuge manes,
  Et simul æternâ luce fruan-
    tur. Amen.

Sur l'Ecusson ou Bouclier que l'effigie du Comte tient à la gauche, on lit:

Fernandus, *Santii Lusitaniæ Regis Filius, cum Joannâ Flandriæ & Hannoniæ Comitissâ, Balduini Constantinopolitani Imperatoris & Mariæ de Campaniâ Filiâ primogenitâ, Monasterium hoc sub titulo Reclinatorii Beatæ Mariæ Virginis fundavit anno* 1226. *Ubi prima Abbatissa præfuit Domina Bertha de Marbaix Joannæ confanguinea, Aquiriæ in Brabantiâ Monialis, Sanctæ Lutgardis non minùs virtutum imitatione quam Professione socia. Fernandus Novioduni in Galliâ obiit 27 Julii 1233. Ubi cor ejus & viscera sepulta sunt, corpus hîc jacet. Ex eo matrimonio, unica nata est proles, Maria, desponsa Roberto primo, Comiti Artesiæ, Sancti Ludovici Regis Galliæ fratri, sed ante celebratas nuptias defuncta. Joanna hæredis cupida secundas iniit nuptias cum Thomâ Sabaudiæ Principe, nullâ secutâ prole. Sub vitæ finem, assentiente Thomâ, Sacrum in hoc Cœnobio Religionis Habitum petiit & obtinuit, ubi consummata in brevi explevit tempora multa & inter Filiarum & Sororum suarum gemitus & suspiria obiit meritis & virtutibus clara*, 5 Decembris anno Domini 1244.

,, FERDINAND, Fils de Sancio
,, Roi de Portugal, conjointe-
,, ment avec Jeanne Comtesse de
,, Flandre & de Hainaut, Fille
,, aînée de Bauduin Empereur
,, de Constantinople, & de Ma-
,, rie de Champagne, ont fondé
,, en 1226, ce Monastere sous le
,, nom de l'Abbaye du Repos
,, Notre-Dame; la prémiere
,, Abbesse a été la Dame Berthe
,, de Marbaix, parente de la
,, Comtesse Jeanne, Religieuse
,, d'Eviers en Brabant, digne
,, par sa Profession & par ses ver-
,, tus, d'être la compagne de Ste.

,, Lutgarde. Ferdinand mourut
,, en France à Noyon, le 27
,, Juillet 1233. Son cœur & ses
,, entrailles y sont ensevelis, &
,, son Corps repose ici. De ce
,, mariage naquit une fille seule,
,, nommée Marie, qui fut ac-
,, cordée à Robert I. Comte
,, d'Artois, frere de St. Louis
,, Roi de France, & mourut
,, avant la célébration de ses no-
,, ces. Jeanne voulant avoir des
,, Héritiers, épousa en secondes
,, noces, Thomas Prince de Sa-
,, voie, mais ils n'eurent point
,, d'enfants. Sur la fin de sa vie,
,, Jeanne, du consentement de
,, son Epoux, prit l'Habit re-
,, ligieux dans ce Monastere, où
,, ayant peu vêcu, elle remplit
,, la course d'une longue vie, &
,, mourut

,, mourut enfin au milieu des lar-
,, mes & des soupirs de ses En-
,, fants & de ses Sœurs, comblée
,, de mérites & de vertus, le 5
,, Décembre, l'an du Seigneur,
,, 1244.

ELLE est aussi inhumée dans le Chœur des Dames, près de son Mari; on lisoit autour de son Tombeau:

M. Y. C. Juncta bis & X. quater bis sibi bina obiit quintâ Decembris. Anno milleno migravit cum quadrageno quarto & bis centum quintâ luce Decembris. Orate pro eâ.

CETTE Epitaphe paroissant obscure, on l'a remplacée en 1693, par celle-ci:

Hac, quam fundavit, requie Joanna quiescit

Flandrorum Princeps, Hanoniæque Comes:
Prætulit his volum titulis, & juncta sacratis
Virginibus, superis est quoque juncta choris.

Les Bâtiments de cette Abbaye sont très-considérables, Madame la Princesse de Rohan-Soubise, derniere Abbesse, les a fait presque entierement reconstruire, les façades en sont agréables, l'Appartement de l'Abbesse est des plus vaste & des mieux distribué, les Jardins en sont aussi fort beaux : il y a une belle Allée, plantée & pavée de 500 Toises, qui conduit du grand Chemin d'Ypres jusqu'à la Porte de l'Abbaye.

Abbaye de

L'Abbaye de Los, du même

Ordre de Cisteaux, est située sur la Haute-Deûle, à environ une petite lieue de la Ville, elle est fort ancienne, & tient sa Fondation de Thiery d'Alsace XV. Comte de Flandre, qui en jeta les prémiers fondements vers 1117. Philippe son fils la continua & en augmenta beaucoup les revenus, en lui accordant la Pêche qu'il avoit depuis Haubourdin jusqu'à la Planche au Quesnoi, comme on voit par Lettres de Donation de l'an 1176. L'Eglise est bâtie à neuf, & le Chœur en est fort beau; la Bibliotheque est considérable, le reste des Bâtiments est aussi presque entierement reconstruit à neuf, on y travaille encore à présent (en 1772): les

Los, d'Hommes.

Jardins sont agréablement distribués. Il y a une communication pavée qui va directement du grand Chemin d'Haubourdin, à l'Abbaye : on peut aussi y arriver en sortant par la Porte de la Barre, en tournant à gauche au dessus du Pont de Canteleu. Il y a une belle Chapelle dédiée à Notre-Dame de Grace, où Mr. l'Abbé de Los place un Vicaire; elle est située à trois-quarts de lieue de la Ville, sur le Chemin de la Porte Notre-Dame.

Notre-Dame de Grace, Chapelle.

DANS le Fauxbourg de Fives, est un Prieuré du même nom, commencé en 1104, par les libéralités de N. Herman, Chanoine de St. Pierre de Lille, & fondé en 1135 par Thiery d'Alsace ; il est desservi par deux

Prieuré de Fives.

Bénédictins réformés de l'Abbaye de St. Nicaise de Rheims, dont l'un est Curé de la Paroisse & l'autre Vicaire. C'est auprès de leur enclos que sont les sources qui forment la Riviere du Bequerelle, ou Chaude-Riviere, qui vient tomber dans les Fossés de la Ville, & dont nous avons parlé dans la description des Fortifications, laquelle pourroit former à volonté une inondation sur ce front : ces sources appartiennent à la Ville, qui les a achetées en 1265.

FIN.

ADDITION.

Les Curieux & Amateurs admirent encore une belle Statue en Marbre repréfentant Hercule, placée dans le Jardin du Château de M. Willems, au Village d'Annappes, fur la Route de Tournai, à une lieue de Lille; elle eft d'un habile Artifte qui s'étoit préfenté pour travailler à la Porte des Malades.

Nota. On a omis deux beaux Tableaux de Wamps, dans la Chapelle de Notre-Dame d'Affiftance, fur le Rivage de la Baffe-Deûle, l'un repréfentant l'Annonciation, & l'autre l'Affomption.

TABLE
DES MATIERES.

A

ABBIETTE, (l') fa Fondation en 1279, page 10. Curiofités qu'elle renferme, page 108
Accouchements, (Ecole d') 146
Adminiftration de la Ville, 151
- - - - - - de la Châtellenie, 159
Agrandiffement, (prémier) de la Ville de Lille, du côté de la Porte des Malades, 8
- - - - - - (fecond) de la Ville, du côté de la Porte de la Barre, 18
- - - - - - (troifieme) du côté de la Porte Notre-Dame, en 1605, 23
- - - - - - (quatrieme) du côté de la Porte de la Magdeleine, commencé en 1617, & fini vers 1622, 24
- - - - - - du côté de la Porte de St. André, 28
- - - - - - (petit) à gauche de la Porte de Fives, commencé en 1767, & fini en 1771, 38
Anatomie, (Ecole d') 144
André, (Paroiffe de St.) fa defcription & fes Tableaux, 87
Annonciades, (les) leurs Tableaux, 112
Appaifeurs, (Siege des) 157
Apothicaires, (Siege des) 157

Architecture, (Ecole d') page 144
Artillerie, 56
Arts & Métiers, leur nombre, 179
Aventure, (Nouvelle) 196
Augustins, (les) page 105. College
   des Augustins, 122

B

Bailliage, (le) 162
Bapaumes, (les) Fondation, 131
Baptêmes, leur nombre, 89
Bastion de la Noble-Tour, 39
Bastion, (nouveau) à gauche de
   la Porte Notre-Dame, com-
   mencé en 1771, 42
Bâtiments civils & remarquables, 61 & 64
Bequerelle, (Riviere) 209
Béguines, (les) 114
Bibliotheque publique, 72
Bleuets, (les) Fondation, 129
Bonnes-Filles, (les) Fondation, 131
Botanique, (Ecole de) 146
Boucheries (les) données à la
   Ville en 1285, 12
Bourgeterie, (Siege de la) 157
Bourse commune des Pauvres, 127
Bureau des Finances, 162

C

Canal de Douai, construit de 1686
   à 1692, 51
Capucins, (les) leur Eglise & ses
   Tableaux, 100
Capucines, (les) idem, 119
Carmes déchaussés, (les) leur

Eglife & leurs Tableaux, page	101
Carmes chauffés, (les) idem,	103
Cafernes,	57
Catherine, (Paroiffe de Ste.) fa defcription & fes Tableaux,	84
Chambre de Commerce,	166
Chambre des Comptes, fon établiffement en 1385,	16 & 164
Chambre Confulaire,	166
Chambre Syndicale,	167
Change, (le)	182 & 183
Charles V. vient à Lille, en 1541 & 1549,	21
Château de Courtrai, conftruit en 1301, page 13, & démoli en 1557,	21
Château de la Salle, vendu aux Echevins en 1515,	19
Châtellenie (de la) de Lille, fon Adminiftration, fon étendue, fes productions, 159 & fuivantes,	193
Chefs de Famille, leur nombre,	89
Citadelle, (la) page 45, elle capitule le 8 Décembre 1708,	30
Colleges,	120
Commerce des Habitants de Lille,	179
	182
- - - - - - de la Châtellenie,	160
Communication de la Haute à la Baffe-Deûle, éxécutée en 1750,	53
Comté (le) de Flandre réuni à la Couronne de France, en 1313,	15
Comté (le) de Flandre paffe dans la Maifon d'Autriche, en 1476,	18

Conceptionistes, (les) Hôpital, &c. page 118
Coutume de la Ville de Lille, homologuée, 20 & 178

D

Description des Fortifications actuelles de Lille, 32
Dessein, (Ecole de) 144
Deûle, (cours de la) 49
- - - - Basse-Deûle, 50
- - - - Communication de la Haute à la Basse-Deûle, 53
Digue, (la) Promenade, 44 & 198
Dominicains, (les) leur Fondation, 9, leurs Eglise & Tableaux, 90
Dominicaines, (les) idem, 111
Douane, 178
Draperie, (Siege de la) 157

E

Eaux & Forêts, 164
Echevinage, voyez Jurisdiction de la Ville.
Ecoles Dominicales, 137
Ecole de Stappaert, 132
Ecoles publiques, 144 & 146
Enceinte, (prémiere) de Lille en 1030, 5
- - - - Voyez Agrandissement.
Environs de Lille, 193
Epitaphes, 200
Esplanade, Promenade, 45 & 158
Etat-Major de la Ville, 55
- - - - de la Citadelle, 56

Etat-Major du Fort St. Sauveur, page 56
Etienne, (Paroisse de St.) sa description & ses Tableaux, 73

F

Fauxbourgs, 66 195
Fiacres, leur nombre, 159
Fives, (Prieuré) 208
Foires, 16 180
Fondations, 123
Fondations particulieres, 143
Fort de St. Sauveur, 40
Fortifications, 11, 32 & suivantes.

G

Garde-Orphenes, (Siege des) 156
Gouvernance, (la) son établisse-
 ment, 14 161
Grands-Hommes, 168 & suivantes,
Grisons, (les) Fondation, 136

H

Habitants (les) de Lille réparent
 leurs Fortifications en 1283, 11
- - - - leur nombre, 89 180
Hibernois, (les) College, 122
Hôpitaux, 115
Hôpital Comtesse, sa Fondation, 9
- - - - ses Tableaux, 115
Hôpital Militaire, 58
- - - - St. Sauveur, 115
- - - - Sa Fondation, 9
- - - - Gantois, 117
- - - - de la Charité, 117

- - - - St. Joseph, page	119
- - - - St. Jacques,	119
- - - - Général, 138	147
- - - - St. Julien,	142
- - - - des Grimarets,	142
- - - - des Martes,	143
Hôtel (l') de Ville, sa description, ses Tableaux, &c.	147
Hôtel des Monnoies,	165

J

Jacobins, voyez Dominicains,	
Jésuites, (Eglise des)	106
- - - - Leur College,	121
Inondation sur la Porte de Fives,	37
- - - - Sur celle de la Barre,	44
Jurisdiction de la Châtellenie,	161
Jurisdiction de la Ville,	154
- - - - Ses Privileges,	154
Jurisdictions subalternes qui ressortissent à l'Echevinage,	156
Jurisdiction Consulaire,	166

L

Lille, Capitale de la Flandre Françoise,	1
- - - - Sa position, 2, son origine, 4, sa prémiere enceinte, 5, ses Sieges, 6, 7, 12, 14, 27, 30, ses Agrandissements, 8, 18, 23, 24, 28, 37, sa forme & son étendue actuelle,	32
- - - - divisée par Quartiers, 64	155
- - - - confirmée au Roi de France,	

par

      par la Paix de 1320,   page 15
Lille rentre sous la domination
      Françoise en 1667,   28
- - - - passe aux Hollandois en
      1708,   30
- - - - retourne à la France par le
      Traité de Paix de 1713,   31
Lombard,   124
Los, (Abbaye de)   207

M

Magasin à Bled,   147
Magdeleine, (Paroisse de la) sa
      description & ses Tableaux,   86
Magistrat, (Réglement de la Comtesse Jeanne pour le) 9, sa composition, 151, ses fonctions, 153, prérogatives,   155
Maison-forte,   135
Maisons, leur nombre, 64, 73, 76, 82, 84, 86, 87, 88.
Maneges,   58 & 158
Manufactures,   180
Marchés,   180
Maréchaussée,   167
Mariages, leur nombre,   89
Marquette, (Abbaye de) sa Fondation, 9 & 198, sa description, 199 & suivantes.
Mathématiques, (Ecole de)   144
Maurice, (Paroisse de St.) sa description & ses Tableaux,   76
Médecins, (College des)   157
Messageries, (des)   184

T

Mesures, pages 183, 194 & 195
Mesures des Terres dans la Châtellenie, 195
Minimes, (les) leurs Tableaux, 105
Monasteres d'Hommes, 90
- - - - de Filles, 107
Monnoies, (Hôtel des) 165
- - - - (valeur des) 183, leur marque, 165
Mont-de-Piété, 123

N

Nicaise, (Fondation de St.) 126
Nicolas, (Fondation de St.) 126
Noble-Famille, (la) Fondation, 144
N. D. de Grace, (Chapelle de) 208
Nourrices, (Bureau pour les) 143

O

Origine de la Ville de Lille, 50 ans avant Jésus-Christ, 4
- - - - Voyez Lille,
Ouvrage à Cornes sur la Porte de la Magdeleine, &c. 35

P

Palais de Rihours, sa construction, 17, nommé Cour de l'Empereur, 21
- - - - Voyez Hôtel de Ville,
Paroisses, (des) 67 & 89
Pays-bas, (les) y compris la Châtellenie de Lille, passent dans la Maison d'Espagne en 1496, 19
Pierre, (Eglise de St.) sa constru-

ction, 5, sa Dédicace, 6, sa description & ses Tableaux, 67 & suivantes.

- - - - Son College, page 120
Place d'Armes, 61
Places publiques, 59
Poids, 183
Pont-neuf ou Royal, 62
Population de la Ville, voyez Baptêmes, Mariages, Chefs de famille, Habitans.
- - - - De la Châtellenie, 160
Porte (vieille) de Fives, 39
- - - - de Fives actuelle, 38
- - - - de St. Sauveur détruite, 41
- - - - de St. Maurice, 25 & 36
- - - - des Malades, 41
- - - - de Notre-Dame, 43
- - - - de St. André, 33
- - - - de la Barre, 18 & 43
- - - - de la Magdeleine, 25 & 35
Port d'en bas, dit le grand-Rivage, 62
Port d'en haut, ou petit-Rivage, 63
Poste aux Chevaux, 189
Poste aux Lettres, (départ de la) 189
- - - - Arrivée, 191
Prévôt de la Ville, 155
Prisons, 59
Promenades publiques, 44 & 45   158

R

Récollets, leur Eglise, leurs Tableaux, 95
Redoute, sur l'Esplanade, 158

Remparts, page 158
Renneaux, (Fort des) sa construction, 7
Riviere qui baigne la Ville, 49
Rues, (des) 59

S

Saïetterie, (Siege de la) 157
Saint-Esprit, Hôpital, 110
Salle des Spectacles, 150
Sauveur, (St.) Paroisse, sa description & ses Tableaux, 82
Sculpture (Ouvrages de) remarquables, 69, 70 & 210
Siege (prémier) de Lille en 1128, par Louis le Gros, 6
- - - - (second) de Lille en 1213, par Philippe-Auguste, Roi de France, 7
- - - - (troisieme) de Lille en 1296, 12
- - - - (quatrieme) de Lille en 1304, 14
- - - - (cinquieme) par Louis XIV. en 1667, 27
- - - - (sixieme) par le Prince Eugêne, en 1708, 30
Sœurs-grifes, (les) leur utilité, 112
Sœurs-noires, (les) leur utilité, 112
- - - - de St. François de Sales, idem, 113
- - - - de la Magdeleine, idem, 113
Stappaert, (Ecole de) 132

T

Tableau (beau) de Rubens, à Ste. Catherine, 85
- - - - Aux Capucins, 100

Tableau (beau) de Vandick, aux
    Récollets, page 97
- - - - (beaux) d'Arnould de Vuez,
    à l'Hôtel de Ville, 148
- - - - (beau) de Langhenjan, à
    St. Etienne, 74
- - - - (beau) de Wamps, à la
    Chambre Consulaire, 166
Teinture, (Siege de la) 157 & 182
Trinité, (Fondation de la) 126
Tombeau de Bauduin V. dit de Lille, 68
- - - - de Louis de Masle, 70
- - - - de la Comtesse Jeanne, 200

V

Vieillettes, (les) Fondation, 134
Vieux-Hommes, (les) Fondation, 133
Voitures publiques, 184 & suiv.
Urbanistes, (les) leurs Tableaux, 111
Ursulines, (les) leur occupation, 110

Fin de la Table.

FAUTES PRINCIPALES
A CORRIGER.

Page 76, ligne 6, *Dupomel*, lisez *Duponcel*.

Page 145, lignes 5 & 6, *il fait*, lisez *ils font*.

Page 154, ligne 18, au lieu de ces mots: *adressés de la part du Souverain aux Echevins de Lille*, mettez ceux-ci: *faisant mention des Echevins de Lille*.

Page 206, ligne 3, *volum*, lisez *volum*.

A LILLE, de l'Imprimerie de P. S. LALAU, près l'Hôtel de Ville.

www.ingramcontent.com/pod-product-compliance
Lightning Source LLC
Chambersburg PA
CBHW051911160426
43198CB00012B/1851